JN150314

比べず、とらわれず、生きる

枡野俊明

PHP文庫

はじめに

過去・現在・未来。これを仏教では「三世《さんぜ》」といいます。

私たち人間は、この三つの時《とき》の中に生きています。

過ぎ去った過去に思いを寄せながら、未来への希望を胸に抱き、現在という時間を生きている。ときに過ぎ去った自分自身に執着しながらも、ときに未来への不安を抱えながらも、今という時間の中に生きている。

それが、人生というものです。

禅の世界においては、過去と未来は存在しません。ただあるのは「現在」という時間だけです。存在しないというより、過去や未来にとらわれないというほうが正しいでしょう。

禅の中に存在しているのは、「今」という一瞬だけです。

その一瞬をいかに生きるか。過ぎ去った過去をあれこれ思い起こすのではなく、未だ来てもいない未来に思いを寄せるでもなく、一生懸命に現在という時間と向き合っていく。

その心の在《あ》り方にこそ、人生はあるのだと考えられているのです。


時間は刻一刻と過ぎ去っていきます。一週間前や昨日はもちろん過去のことでありますが、たった五分前でさえ、すでに過去の出来事です。

今、皆さんが読んでくださっているこの本にしても、前のページはすでに過去のものになっている。もう二度とその時間の中に戻ることはできません。

もっと突き詰めていうのなら一つの呼吸さえもそうです。息を吐《は》く、そして息を吸う。この一息《いっそく》の中にさえ、過去が生まれている。吐いた息はすでに過去のものであり、吸っている今こそが現在ということになるでしょう。

このように過去はめまぐるしく過ぎ去り、そして今が目の前にやってくる。この一瞬の繰り返しの積み重ねこそが、長きにわたる人生の時間を築き上げているのです。

「而今《にこん》」という禅語があります。この言葉は、「過ぎ去った時」「今という一瞬の時間は二度と帰ってこない」ことを表わした言葉です。

その一瞬に思いを寄せることをせずに、過去にばかりとらわれていても何も前には進みません。過ぎ去った出来事を受け流すことで、人は前を向くことができる。自分自身の心が自分の後ろ髪を引っ張っているようでは、人生は進んでいかないのです。

起こってもいない未来を心配することは、今という時間を無為《むい》に過ごすことと同じです。

人生の真実は「今」という時間の中にしかありません。ですからこそ、今を一生懸命に生き切ること。それこそが、禅の教えの基本なのです。

命というものには限りがあります。もしも、この世に真実なるものがあるとすれば、それは人間は必ず死ぬということでしょう。

永遠に生きる命など、この世には存在しません。生まれてきた命は一〇〇％終わりを迎える。その終わりは、いつやってくるかは分かりません。

明日にも終わりがやってくるかもしれない。であるからこそ、今生きていることに感謝をし、この一瞬に心を尽《つ》くさなければならないのです。

私も禅僧ですから、このことは常に意識しています。もちろん現実的に、明日に死を迎えることはないとは思います。明日を信じるからこそ、数か月先の仕事の予定も組んでいる。約束事も数か月先まであります。

それでも心のどこかには、常に死を意識しながら生きています。死を意識するというと、なんだかマイナスのイメージがあるかもしれませんが、けっしてそうではありません。

心のどこかで死を意識するからこそ、生きている時間を大切に思う気持ちが湧《わ》いてくるものです。今という、この一瞬を大事にしようとするものです。

つまり、死を意識することは、すなわち生を意識することと同じなのです。漫然《まんぜん》と生きるのではなく、与えられた命を無駄にしないような生き方を心がける。その心がけこそが、人生を豊かなものにしてくれるのです。

命とは自分のものではありません。多くの人は、自分の命は自分のものだと思い込んでいます。自分のものなのだから、どう扱おうが勝手だと。

しかし、それは違います。命というものは、ご先祖様からの預《あず》かりものだと禅では考えられています。

何百年、何千年も前から、多くのご先祖様がご縁を結び、そして一つの命を授かった。そしてその命は、いずれお返ししなくてはいけません。その命をお返しする場所を仏教では「仏国土《ぶつこくど》」と呼ぶのです。

この世で生を終えると、みんな仏国土に行って命をお返しする。いずれお返しするものだからこそ、大切に扱わなければならない。粗末《そまつ》に扱ってはいけないのです。

であるならば、命を大事にするとはどういうことなのか。

その答えが、今という一瞬一瞬を一生懸命に生きるということなのです。


一つの言葉というものは、私たちの人生にとって非常に大切なものです。

たった一つの言葉が、人生の道しるべとなることもあります。

たった一つの言葉との出会いによって救われることもあります。

いつでも自分の人生に寄り添《そ》ってくれる言葉。そんな言葉との出会いはとても大切なものでしょう。

昔から延々と受け継がれてきた禅の言葉がたくさんあります。その言葉の一つひとつには、深い慈悲《じひ》や慰《なぐさ》めがあるものです。誰もが聞いたことのある禅語もあるでしょう。

しかし総じて言えば、禅語にはまだまだ馴染《なじ》みがありません。その多くは難解なものであることも事実です。

そこで本書では、受け継がれてきた数多《あまた》の禅語を道しるべにしながら、私なりに噛《か》み砕《くだ》いた言葉を並べてみました。

どれもが禅の教えを受け継いでいる言葉ですが、それらをできるだけ分かりやすく書いてみました。本書に書かれた言葉の中で、一つでもみなさんの心に染み入るものがあれば、これからの人生に寄り添っていく言葉が、一つでも二つでも見つかれば幸いです。

合掌

平成三十年八月

建功寺方丈にて　枡野俊明

比べず、とらわれず、生きる◎目次

第1章 すべては自分の心から現れている

第2章 自分で自分を育てる

第3章 この一瞬を生きる、ということ

デザイン――三木俊一（文京図案室）
編集協力――網中裕之

第1章

すべては自分の心から現れている

喜びも、苦しみも、悲しみも、
そして、怒りや迷いも
すべて、あなたの心が生み出していた

01

一切唯心造

不安や心配事とは、心がつくりだすもの

私たちは生きていく中で、さまざまな不安や心配事を抱えているものです。不安などまったくなく、いっさいの心配事もない。そんな人を私は知りません。

大きな不安から小さな心配まで、程度の差はあるでしょうが、いずれにせよ、これらとつき合いながら生きていく。それが人生というものです。

常にいくつかの心配事を抱えている。それは生きるうえで仕方のないことかもしれませんが、必要以上に振り回されてはいけません。

寝ても覚めても、不安感に苛《さいな》まれていれば、やがては心が病《や》んでしまいます。不安はありますが、それにばかり目をとらわれずに、少しの距離を置いて眺めてみることです。

不安や心配事に対して、まず一つ言えることがあります。

それは、不安も心配も未来の中にあるということ。

それらは過去の中には存在していません。どんな心配事であっても、それが過ぎ去った瞬間に薄《うす》らいでいく。あるいはすっかり忘れてしまうものです。

たとえば、雨が降っている日に小学生の我が子を学校へと送り出す。母親としてはつい心配になるものです。ぬかるみに足を取られて転んだりしないだろうか。雨に濡れて風邪などひかないだろうか。あれこれと心配するのが親心というものです。

ところが実際には、雨が降ったくらいで転ぶ子供はほとんどいません。多少雨に濡れたくらいで風邪をひくような子供もいないでしょう。心配事のほとんどは、実際には起こらないものだということです。

そうして夕方になれば、子供は元気に家に帰ってきます。もうその時点では、朝の心配がすっかり消えてなくなっています。

そして今朝の心配がなくなれば、今度は明日の心配が新たに生まれてきたりする。明日は気温が高くなりそうだから、熱中症になどならないだろうかと。人間の心とは面白いものです。

「一切唯心造《いっさいゆいしんぞう》」という禅語があります。

すべての現象は、私たちの心がつくりだしているもの、という意味です。

考えてみれば、不安や心配というものには実態がありません。たとえば、今あなたが抱えている心配事を並べてみてください。きっとそれらは、未だ起こっていないことばかりです。現実に起きていないのですから、それらは想像の世界の話です。自分が勝手に想像して、不安になっているだけのこと。

もしも大きな病気に罹《かか》ってしまったらどうしようと不安に思う。その気持ちはよく分かりますが、今は健康であるのに、将来の病気のことばかりを考えている。そんな心配ばかりしていたら、それこそ病気のほうから近づいてきます。

今が健康であるなら、それに感謝をしながら一生懸命に毎日を過ごせばいい。不幸にして病気になってしまったら、そのときに考えればいいことです。実際に病気になってしまったら、もう不安がっている暇などありません。その病と向き合っていくしかないのです。

そして人間には、それに立ち向かうだけの力が与えられている。

あれこれと不安をつくるのではなく、今という瞬間に目を向けることです。

もう一つつけ加えるなら、心配事はけっしてマイナスばかりではありません。心配症という言葉がありますが、私もこれに当てはまります。

たとえば、仕事で13時に待ち合わせの約束があるとします。心配症の私は、ついいらぬことを想像します。もしも電車が遅れたらどうしようか。もしも道が混んでいて、車が渋滞に巻き込まれたらどうしようか。そんな心配が頭の中を巡ります。

ですから私は、その心配を取り除くために、必ず約束した時間の15分前には着くように心がけて家を出ます。15分の余裕があれば多少電車が遅れても間に合う。渋滞にひっかかれば、高速を降りて別のルートが使える。

心がつくりだした心配を行動でカバーするようにしているのです。

それでも遅れるような事態が起これば、もうそれは仕方がないと考える。電車が一時間も遅れたなら、それはもう諦《あきら》めるしかありません。

そのように考えれば、心配することは悪いことばかりではないのです。

ほんとうに心配するのなら、それが起こらないように努力をしてみること。自分の行動や意志で避けることができるのであれば、やれるだけのことをやることです。

いちばんいけないのは、心配ばかりつくりだして、自らは何もしないということです。

02

本来無一物

誰も、何も、もってはいない

「本来無一物《ほんらいむいちもつ》」という有名な禅語があります。人間はこの世に生まれてくるとき、何ももっていません。まさに裸のままで生まれてきます。

何ももっていないというのは、「物」だけでなく、邪《よこしま》な心さえももっていない。嫉妬心もなければ執着心もない。ほんとうに純粋な心で、この世に生まれてくるのです。

ところが、大人になるにつれて、さまざまなものを私たちは手に入れます。物や財産ばかりでなく、社会的な地位や学歴などもそうです。

そして、それらをまるで生まれたときからもっているかのような錯覚《さっかく》を覚える。本来ならば無一物なのですが、すっかりそのことを忘れています。

さらに悪いことに、人間には、一度手に入れたものを手放したくないという気持ちが芽生《めば》えます。何が何でも手放すものかと執着するようになる。

そのたどり着く先が「もしも今あるものを失ってしまったらどうしよう」という不安感なのです。

一旦手に入れたものを手放したくない。それどころか、さらに新しいものが欲しくなる。物欲は留《とど》まるところを知らず、いつしかまわりはもので溢《あふ》れてしまいます。そして、ものが溢れることで、ますます不安感が募《つの》ってくる。「本来無一物」とは、まったく反対の心の動きがそこにはあります。

たくさんのバッグを欲しがる人がいます。新作のバッグが出るたびに欲しくなる。クローゼットの中には数十個ものバッグがあっても、それでも満足することなく次々と手に入れようとする。

一度しか使わなかったものや、買ったことさえ忘れたバッグもあるでしょう。にもかかわらず、それらに執着し、失うことを恐れている。

クローゼットに眠っているバッグを開けてみてください。そのバッグの一つひとつには、きっと「不安」が詰まっています。その中にはけっして「幸せ」や「満足感」は詰まってはいません。

クローゼットを埋め尽くしている「不安」。その中で暮らすことが幸福だとはとても思えません。

どんなにたくさんのバッグや靴を集めたところで、あの世にはもっていくことなどできない。財産や地位にしても同じこと。もっと言うならば、この世で手に入れたすべてのものは、心が生み出す幻想に過ぎないのです。

　幻想に縛られて生きることは、さらなる不安感を生み出すだけなのです。

　手放すことです。余計な不安感を生み出しているものを手放すことです。

　とはいっても一度手に入れたものをあっさりと手放すことは難しいでしょう。一生懸命に働いたお金で買ったバッグを手放したくない気持ちも分かります。ですから私は「まずは１％を手放してください」と言っています。

　たとえば、１００個のバッグをもっているとしましょう。この中の10％を手放すことは10個のバッグを失うことになる。それは非常に大変なことです。

　しかし、１％である一個だけを手放すことはできると思います。

　明らかに使わなくなったものを一つだけ手放してみる。友人にあげてもいいし、リサイクルショップに売りに行ってもいい。１％というのはとても少ないように思えますが、実はそれこそが大きなきっかけになってくるのです。

　つまり、たった一つのものを手放すことで、何が自分にとって無駄なものかが見えてくる。

そうして無駄なものを身の回りからなくしていくことで、いつしか無駄な不安感もなくなっていく。


自分の人生にとって大切なものとは何か。ほんとうに必要なものとは何か。絶対に手放してはならないものとは何か。それが見えてきたとき、人生は豊かなものとなっていくのです。

私たち禅僧の修行時代には、一人に与えられるスペースはたたみ一畳分です。その奥に物入れがあり、その中に最低限必要なものだけを置いています。余分なものはいっさいありません。

そんな生活をしていく中で、物欲はどんどん姿を消していきます。欲しいものなど何もないという心持《こころもち》になっていく。その清々《すがすが》しさは何物にも代えがたいものでした。

僧侶と同じような生活をする必要はありません。

ただ、一度自分の身の回りに目を向けることです。

たくさんのものが溢れている部屋。もしかしたらあなたが抱えている不安の半分以上は、溢れたものの中に眠っているかもしれません。

そんな「無駄な不安」は、さっさと手放すことです。

03

無縄自縛

あなたを縛っているのは、あなた自身

私たちは、社会の中で生きている限り、さまざまなものに縛《しば》られています。その最たるものが、法律というものになるでしょう。これは社会の秩序を維持するためには必要不可欠なものです。多少は窮屈な思いをしながらも、誰もが守って当たり前のことです。

ところが、私たちを縛りつけているものとして、法律よりも厄介《やっかい》なものがあります。それが常識というものです。

礼儀や礼節などの常識はいいのですが、それ以外の常識に縛られ過ぎないことです。

たとえば、学校を卒業したら就職するのが常識。就職したら結婚して家庭をもつのが常識。就職した会社には定年まで勤め上げるのが常識。そして夫婦が同じお墓に入るのが常識。

はたして、これらは当たり前のことだと言えるでしょうか。

もちろん、これらの常識なるものを、一つの人生の指標としてとらえることはかまいません。目の前にある道筋に抵抗なく進むことができるのであれば、そういう生き方もいいと思います。

しかし、人はみんな同じではありません。同じ年齢でも、10人いれば10通りの生き方があるのは当然のこと。みんなが同じ常識の中に生きる必要などないのです。

当たり前だと思い込んでいること。その当たり前のことができなくて自分を責《せ》めている。そんな人がたくさんいます。

仕事を進めていくうえで当たり前だと思っていること。子育てをするなかで当たり前だと信じ込んでいること。

あるいは、夫婦だから当たり前だと自分に言い聞かせていること。そんな「当たり前」を前にして佇《たたず》んでいる。当たり前のことができないのは自分が悪いからだと。

今、あなたが「当たり前」のことを目の前にして苦しんでいるのなら、その「当たり前」を並べてみてください。

ほんとうにそれらは、「当たり前」のことなのでしょうか。もしかしたら、あなた自身がそう信じ込んでいるだけではないでしょうか。

いちばん分かりやすい例を挙げましょう。

「たくさんのお金があれば幸せになれる」

そう信じている人は多いのではないでしょうか。

では、ほんとうにお金がたくさんあれば幸せになれるのでしょうか。

それはまったくの勘違いだと思います。人間の幸福とは、お金に左右されるほど安っぽいものではありません。お金ではいろんなものが買えるでしょうが、幸せを買うことはできません。

心のどこかでは分かっていても、それでもこの「当たり前」に執着している人が多い。

「当たり前」を疑うことです。

ほんとうにそれが当たり前のことなのか。それは誰にとって当たり前のことなのか。

多くの人にとって当たり前のことでも、自分にとってはそうではない。そんなものがたくさんあることを知ることです。そして自分自身の「当たり前」と出会うことこそが、自分の人生を生きることにつながるのだと思います。

「無縄自縛《むじょうじばく》」という禅語があります。

自分のことを縛っている縄など存在しない。自分を縛っているのは、ただ自らの思い込みに過ぎない。人間の心とは本来、自由なものだという意味です。自分の思い込みで自分の心を縛りつけている。心はいつしかがんじがらめになり、やがては自分自身の人生を見失ってしまう。そうなる前に、自らが縄をほどくことです。

あなたの心を縛っている縄は、誰もほどくことはできません。それをほどくことは、自分自身にしかできないのです。

人生の道はけっして一本道ではありません。いくつもの分かれ道がそこにはある。ではどの道を選べば幸せになれるのか。どの道が幸福への王道なのか。

人生に王道などありません。自分自身が何物にもとらわれない心で選んだ道。それがすなわち、自分だけの王道なのです。

自分自身にいつも問いかけることです。

「はたして自分はこの道を行くことがいいのか」

「これが自分の歩むべき道なのか」

「自分にとっての幸せとは何か」

ふとした瞬間に自問自答をしてみること。

その自らの心への問いかけが、少しずつ心の縄をほどいてくれるのです。

04

主人公

人生の主人公は、あなた自身

「主人公《しゅじんこう》」という言葉があります。今ではドラマや映画でよく使われる言葉ですが、これはもともとは禅の言葉なのです。私たちが日常的に使っている意味とは少し違います。

禅でいうところの「主人公」とは、「本来の自分の姿そのもの」という意味を表わしています。これを「本来の自己」と言います。

自分とはいったいどのような人間なのか。

自分が歩むべき道とはどこにあるのか。

考えてみれば、この「本来の自分（自己）」と出会うために、私たち禅僧は修行を続けている。それくらい本来の自分に出会うことは難しいことなのです。

さて、みなさんは僧侶ではないのですから、これほどまでに突き詰めて考える必要はありません。ただ、突き詰める必要はなくとも、頭のどこかにいつも置いておくことです。

「私の人生はこんなものなのか」

「どれがほんとうの私の人生なのだろう」

「自分自身が見えなくなってきた」

と、こういう悩みを抱えている人にときおり出会います。

きっと、自分の生き方を真摯《しんし》に見つめているからこそ出てくる悩みなのだと思います。何も考えずに生きている人は、そんなことで悩みませんから。

一生懸命に自分探しをしているからこそ生まれてくる悩み。私はそういう人に対して言います。

「今あなたが歩いている道。それがあなたの人生であることを信じてください。もしかしたらその道は、いつかは変わってしまうこともあるでしょう。それでも、道が変わるまでのあいだは、今歩いている道を迷うことなく進んでいくことです」と。


もう少し具体的に書きましょう。

結婚して子供が生まれ、一生懸命に子育てに励《はげ》んできた女性。やりたいことも我慢《がまん》し、子育てを第一に考えてきた女性がたくさんいます。そんな女性が、子育てを終えるとこう言います。

「私はこれまで、家事と子育てしかしてこなかった。いったい、自分の人生はなんだったのだろうか」と。

まるで子育ての時期が、無駄であったかのような言い方をする人がいます。もちろん無駄などとは思ってはいないでしょうが、もっと別の生き方があったのでは、と心の中で思っていたりする。

とんでもないと私は思います。「家事と子育てしかしてこなかった」と言いますが、家事と子育てを成し遂げたことは、ほんとうに素晴らしいことです。

毎朝、子供たちのお弁当を作り、成長を見守ってきた。子供が一人前になるまでの20年間も、一生懸命に尽くしてきた。これほど素晴らしいキャリアはありません。

「子育てしかしてこなかった」のではなく「私は子育てをしてきました」と堂々と言うことです。胸を張ってそう言ったとき、その女性は人生の主人公になるということです。

主人公になるか否《いな》かは、結局は、自らの心の持ち方次第だと思います。

今、与えられている環境の中で、一生懸命に自分に与えられた役割をこなしていく。隣の道に気を取られることなく、今自分がやるべきことに、心を尽くしていく。そんな気持ちで生きることこそが、人生の主人公になるということなのです。

「隣の芝は青い」といわれるように、人はついよそ見をしてしまいます。

他の人が歩いている道を羨《うらや》ましく思う。自分のいる世界がいかにもつまらないように思う。淡々とした日常生活に嫌気がさすときもあるでしょう。

しかし、よそ見をしたところで何もいいことはありません。

たとえば、隣の道を歩いている人のことを羨ましいと思い、自分もその道に入ってみたいと思う。ところがいざ他人が歩いている道に入ってみたら、そこは歩きにくくて仕方がない。

当たり前です。隣の道は、隣の人の人生だからです。

他人の人生の舞台に顔を出したところで、あなたは主人公にはなれません。

主人公になれる場所とは、自分自身に与えられた道しかないのです。

ときに自分が歩いている道が、どうしても合わないと感じることもあるでしょう。どんなに努力しても歩きにくいと思うこともあります。

しかし、人生とは面白いもので、本当にその人に合わない道であれば、必ずその先には分かれ道が現われます。

その分かれ道に出会ったときに、立ち止まって考えればいい。道が分かれることなく続いているときには、ともかく一生懸命に歩を進めることです。今、あなたが歩いているその道を信じることです。

05

心外無別法

幸せとは、
なるものではなく、
感じるもの

幸せになりたい。すべての人が、そう願っています。人間としての本能的な欲望がそこにはあります。では、幸せになるとはどういうことなのでしょう。どうすれば人は幸せになれるのでしょうか。

多くの人が言います。

「もっとたくさんのお金が欲しい。そうすればもっと幸せになれるのに」と。

では、いったいいくらのお金があれば幸せになれるのでしょうか。1千万円、1億円、そのお金が手に入れば、幸せになれるのでしょうか。そして、その幸福は一生続くのでしょうか。

その答えがノーであることは誰もが気づいている。にもかかわらず、相変わらずお金や物に幸せを求めようとしている。

確かにお金は大切なものです。ないよりはあったほうがいいかもしれない。しかし、お金や物は一時の幸せを与えてくれたとしても、それが延々と続くものではありません。

幸せというのは、「なる」「ならない」というものではない。それは、自らの心が感じるものです。

幸せに「なる」というのではなく、幸せは「感じる」ものです。

私の友人が、一人のお婆さんの話をしてくれました。とても心に残る話です。

お婆さんが肌身離さず大切にもっているものがあります。何十年も大切にしてきたものがあります。

それは、我が子が小学生のときにくれた、数枚の「肩たたき券」です。

夫を早くに亡くしたその女性は、女手一つで一人息子を育てました。働けど働けど、暮らしは楽にはなりません。二人で食べていくのにやっとの生活です。まして息子に小遣いをあげる余裕などありませんでした。

そんな日々の中で迎えた「母の日」のこと。息子の友だちは、母の日に何をプレゼントするかで盛り上がっていた。「僕はケーキを買ってあげる」「私は花束を贈るの」と。

しかし、彼には一銭の小遣いもありません。そこで息子は、母のために「肩たたき券」を作りました。「これ1枚で、20分間肩もみをしてあげるね」と。

仕事から帰ってきた母は、毎日、1枚の「肩たたき券」を息子に渡します。息子は小さな手で、一生懸命に母の肩をもみます。息子の手のぬくもりを感じながら、彼女は心からの幸せを感じたといいます。

やがて息子は立派な大人になり、大手メーカーの部長にまでなりました。毎年「母の日」には実家を訪れ、高級な装飾品や洋服などをプレゼントするそうです。母親にとってはこれほど嬉しいことはないでしょう。

しかし、そんな高級なプレゼントよりも、彼女にとっての最高のプレゼントは、小学生のときにもらった「肩たたき券」でした。

あるとき、息子さんがその「肩たたき券」を目にしました。

「こんなもの、まだもっていたの?」と言うと、母は答えました。

「だって、私の一生で一番嬉しかった贈り物だもの」と。

母の答えを聞いて、息子は微笑《ほほえ》んで頷《うなず》いた。

その息子さんの微笑みの中に、私は暖かな幸せを感じるのです。

幸せというものは、みんなの傍《そば》に寄り添っている。少し探す努力をするだけで、それは必ず見つかるものです。

もしも「自分は不幸だ」とばかり嘆いている人がいるとすれば、それは幸せを見つけることをしていないだけです。

もっと言えば、不幸の種ばかりをかき集めている。まるで不幸を探すのが趣味であるかのように。

まわりに落ちている、たくさんの幸せをかき集めて、それを心に感じてください。小さな幸せをたくさん感じながら生きてください。その積み重ねこそが、幸福な人生への道筋になっていくのです。

そして、幸せを感じることは、けっして難しいことではありません。

たとえば朝に目が覚める。窓の外からはお日様の明かりがさしてくる。小鳥たちの囀《さえず》りが聞こえてくる。今日も新しい一日が始まる。ただそれだけのことで、ほんとうは奇跡のような幸福であることに気づくことです。

幸せと不幸せ。それは心がつくりだすものです。

いや、悩みや不安さえも、自分自身の心がつくりだしている。

あなたのまわりに起きていることのすべては、実はあなたの心がつくりだしているもの。

この世に起こるすべての現象は、それを感じる人間の心の現われに過ぎない。それらは心とは別に存在しているものではない。

これを禅では「心外《しんがい》無《む》別法《べっぽう》」という言葉で表しているのです。

06

水急不流月

比べることの愚かさに気づいて

私たちはつい、自分と他人を比較します。

自分の家よりも隣の家のほうが大きい。

隣のご主人は部長さんなのに、うちの夫はまだ課長にもなっていない。

でもまあ、うちの子のほうがいい中学に行っているから、そこは勝っている。などなど、とにかくすべてを比べながら生きている人が多い。

どうして私たちは、それほどまでに比べたがるのでしょう。それはきっと、他人と比較することで、自分の位置を確認したいからだと思います。

要するに、自分の姿を明確にしたいがために比較している。

自分よりも幸せな人に出会うと羨ましく思い、自分よりも不幸な人に出会えば心の中でほくそ笑んだりしている。そう考えれば、誰かと比較することは、とても悲しく見苦しいことだと思いませんか。

不安感や悩みというのも、その多くは比較の中から生まれてくるものです。

老後の暮らしのためには、これだけの貯金が必要だ。世間の平均貯蓄額はいくらだ。しかし自分にはそんな貯金はない。このままでは老後を豊かに暮らすことができない。まだ来てもいない老後に不安を抱えている。

同級生たちは、バリバリと仕事をしている。着実にキャリアを積んでいる。それに比べて私は、ずっと専業主婦として暮らしてきた。こんな人生でいいのだろうかと悩む。

まったく悩む必要のないことです。世間の平均貯蓄額と比べても仕方がありません。ほんとうに心配ならば、貯める努力をすればいい。欲しいものを我慢して貯めればいい。バリバリ仕事をしている同級生がいても、それは彼女たちの人生であり、あなたが真似する必要はありません。


趣味のように誰かと比べることを止めることです。

そうすることで、悩みや不安の8割はなくなると私は思います。

私の知り合いに、お子さんが障がいをもって生まれたご夫婦がいます。

小さいときから体も弱く、知能にも遅れがありました。小学校に入る年齢になっても、みんなと同じ学校には行けません。特別に支援をしてくれる学校に入りました。

そのときには、やはり他の子供が羨ましいと思ったそうです。元気に走り回る小学生を目にするたびに、どうしても自分の子供と比べてしまう。

そして、そんな体に我が子が生まれたことを申し訳なく思って、自分たちを責めたそうです。どうして自分の子供だけが「普通」ではないのかと。

その子は話すことができません。ご夫婦が何かをしてあげたくても、それを口にすることができない。喜んでいるのか悲しんでいるのかさえ分からない。この子とは心を通い合わせることはできない。そうご夫婦は思っていました。

しかし、それは大きな間違いであることに気がついたのです。

その子は、眼で感情を表現していたのです。ご夫婦が他の子供と比べているときには、とても悲しそうな眼をする。まっすぐに愛情を注ぐときには、ほんとうに嬉しそうな眼をする。

話すことはできなくても、この子は、一生懸命に心を伝えようとしている。その気持ちが分かった瞬間に、ご夫婦は目が覚める思いがしたと言いました。

他人の子と我が子を比べる。そこには何の意味もない。この子にはこの子にしかない良さがある。この子にしかできない役割がある。どうして親として、それを信じてあげられなかったのか。自責の念でいっぱいになったと言います。

そしてそれ以来、ご夫婦はいっさいの比較から解放されたのです。


誰かと比べることの無意味さ。

比較からは、けっして幸福感は得られない。

その答えにたどり着いたとき、まさにご夫婦の人生は大きく変わりました。

我が子のことを比較するだけでなく、自分自身も誰かと比べることを止めたのです。

「この子が生まれてきてくれたことに、心から感謝しています。この子は私たちに大切なことを教えてくれました。今、私たちが幸せに包まれているのは、すべてこの子のおかげなんです」

ご主人はほんとうに素敵な笑顔でそう言いました。

「水急不流月《すいきゅうにしてつきをながさず》」。

どんなに川の水の流れが速くても、水面に映った月影を流すことはできないという禅語です。世間の流れに飲み込まれてはいけない。水面に映る月影のような自分であること。

そうです、このご夫婦の心こそが、水面に映し出された美しい月影なのです。

07

喜捨

執着心を
漂う雲のように
受け流す

お寺や神社でお参りするとき、お賽銭《さいせん》を投げ入れます。

これを喜捨《きしゃ》する、と言います。「喜捨」というのは、お賽銭を投げることを意味しているのではなく、心に抱えている執着心やこだわりを捨てることを意味しているのです。

お賽銭を投げながら、今、自分がとらわれているものを捨ててみる。それを捨てることで心が解放されていく。

物事に対する執着心は、誰もが多かれ少なかれもっているものです。何かにこだわったり、絶対に失いたくないと思う気持ちは、すべてなくすことはできないでしょう。しかし、その執着心こそが自分自身を苦しめる原因であることに気づくことです。

禅僧が修行を重ねるのは、まさにこの執着心から自らを解き放つためです。一回の坐禅を「一炷《いっちゅう》」と言います。これは、一本のお線香が燃え尽きる時間を表わすもので、おおよそ40分です。この40分の坐禅の中で、禅僧は何を思っているのか。無の境地を長い時間続けることができれば良いのですが、それは高僧と言われる人でもなかなか難しい。

禅僧とて人間ですから、坐禅を組んでいる間にもいろんなことが頭に浮かびます。

ときには「お腹がすいたな」と思うこともあります。それはどうしようもないこと。しかし、禅僧はその空腹に執着することはありません。「お腹がすいたな」という思いにとらわれていれば、そのことばかりを考えてしまう。そうではなく、「お腹がすいたな」という思いを、すぐに頭の中から追い出してしまうのです。

いろんな思いが次々と湧いてくる。しかしどの思いにもとらわれることなく、まるで空に浮かぶ雲のように受け流していく。一つの思いに執着せずに、いつも自由な心をもつことを心がける。禅の修行とはそういうものなのです。

たとえば、恋人に執着するということがあります。自分にはこの人しかいない。この人なしでは生きることはできない。そんな執着心をもつことで、自分の心を縛りつけている。

いつも恋人のことばかりを考え、相手の心が離れることを恐れている。恋愛とは幸福なものであるはずなのに、いつの間にか苦しいものになっていく。相手に執着することと、相手を愛することはまったく別のことだと思います。

執着心というのは、あくまでも自分自身の心の中に宿っているものです。「あの人がいないと生きてゆけない」と。ほんとうにそうでしょうか。自分自身が勝手に決めつけているだけではないでしょうか。

それは、その人に執着しているのではなく、その人を愛しているという自分の気持ちに執着しているだけ。その執着の中には、彼の姿も自分の姿も見えない。心の中に巣《す》くっている妄想に過ぎないのです。

相手のことを愛しているのなら、その心を受け流してみることです。

受け流すというのは、相手のことを忘れようとしたり、嫌いになるということではありません。愛しているという気持ちを一瞬忘れてしまうこと。ほんとうの愛情があるのなら、忘れた感情はまたすぐに戻ってきます。

忘れては思い出し、思い出してはまた捨ててみる。人間の心とはそれくらいがちょうど良い塩梅《あんばい》なのです。一時も忘れることはない。それは深い思いを表わしているようにも思えますが、そこに深い思いはありません。それは単なる執着に過ぎないのです。

人間の心には移ろいがあります。

移ろいがあるからこそ、人間は常に前を向くことができる。何ら移ろいのない心は、人間の生き方を縛りつけているだけなのです。


有名な高僧である一休さん。あるとき、弟子を伴って市中を歩いていました。

すると一軒の店から、ウナギを焼くいい匂いがしてきました。

その匂いに、思わず一休さんも心を奪われました。

「ウナギを焼いているのか。何ともいい匂いだな」と。

弟子たちはその言葉に驚き言います。

「お師匠様。僧侶がウナギの匂いなどに心を奪われてもいいのですか」と。

その言葉に返事をしないままに、一行はお寺につきました。

そこで弟子が、「それにしても、あのウナギの匂いはいい匂いでしたね」と言ったのです。

一休さんは言葉を返しました。

「お前は、まだそんなことに思いを残しているのか。私はとっくにそんなことは忘れてしまった。ウナギの匂いなぞ、その店の前に置いてきたぞ」と。

実にみごとな答えだと思います。

08

下載清風

手放すことで
心は軽くなる

物欲というものは、誰の心にも巣くっているものです。何かを手に入れたい。もっと多くのものが欲しい。それが不要なものだと分かっていても、それでも物欲から抜け出すことができない。

それが悩みの種を生み出しているのです。

物欲には終わりがありません。たとえば新しい時計が欲しいと思う。お金を貯めて、その時計を手に入れる。手に入れたときの喜びは格別なものでしょう。

ところが、その喜びは、時間とともに確実に薄らいでいきます。半年も経てば、また新しい時計が欲しくなってくる。欲しいとは思うが買うことができない。これが不満や悩みにつながっていくのです。

物欲とは、物によって解決できません。

一見すると物で解決するかのように思えますが、実はそうではない。物欲を本当の意味で解決させるのは、自身の心でしかできない。物欲とは心が解決するものなのです。

では、その物欲の裏には何が隠れているのでしょうか。

それは、見栄であると私は思っています。

先日も、ある30代の女性がこんなことを言っていました。その月には友人の結婚式がふたつ重なっている。どちらも大学時代の友人なので、出席者も重なっています。となれば、同じドレスを着ていくことができないと言うのです。

「あの人、この間と同じドレスだ」と思われたくない。

ドレスを一着しかもっていないと思われたくない。

そういう理由で、借金をして新しいドレスを買い求めたそうです。安いものではありませんから、今後半年以上はドレスの返済が待っています。

まったく無駄なことだと思いませんか。どうして同じドレスで行ってはいけないのでしょう。

ドレスを一着しかもっていないことが恥ずかしいことなのでしょうか。要するに、これは見栄から来る妄想に過ぎないのです。

見栄を張ることは誰にでもあるでしょう。自分をよく見せたいという気持ちも分かります。また、ときには見栄を張ることによって自分が成長できることもあるかもしれない。

それでもやはり、見栄というものはできるかぎり手放していったほうがいい。見栄を張ることによって生活を切り詰めたり、あるいはそれが悩みの種になっているとしたら、あまりにも寂しいことだと思いませんか。

ブランドもののバッグを買いあさっている女性がいると聞きます。50個も100個も買い集めて、クローゼットの中にしまいこんでいる。これもまた、見栄が生み出す物欲に支配されているのです。

バッグなど、極端な言い方をすれば3つあれば十分です。仕事用のものを一つ。普段使いのものを一つ、そして冠婚葬祭用のバッグを一つ。本来ならばこれで十分間に合うはずです。ホックが壊れたら修理すればいいし、あまりにも古くなったら、そのときに買い替えれば済みます。

つまり、100個のバッグの中で、97個には「見栄」というタグがついているようなものなのです。

本人はたくさんのバッグをもっていることが自慢なのでしょうが、他から見ればそれは滑稽《こっけい》でしかありません。ましてそれをひけらかすようなことをすれば、自分で自分を貶《おとし》めているようなものです。

不要なものを手放して、物を大切にする心をもつこと。その心がけこそが、その人を輝かせるのだと私は思っています。

私のお寺のお檀家《だんか》さんに、40代の女性がいます。ひと月に一度はお墓参りに足を運んでくれます。私もご挨拶をよくするのですが、その女性はいつも、同じバッグを携えていらっしゃいます。

そのバッグは、明らかに子供がもつような布製の手提《てさ》げです。

あるとき、私はそのバッグのことを聞いてみました。

「これは、娘が小学生のときに使っていたものなんです。娘には恥ずかしいからやめてと言われますけど、まだまだ使えますから、捨てるのはもったいないですよね」

ご婦人はそう答えてにっこりと笑いました。

ほんとうに美しい生き方をしている人だな。私は心からそう思ったものです。きっとその女性は、無駄な見栄に惑《まど》わされることなく、自分の人生をまっすぐに歩いている。

「下載清風《あさいのせいふう》」という言葉があります。重たい荷物を下ろした船は、軽快に風を受けて進んでいくという意味です。

見栄や物欲といった、心の荷物を下ろすことです。

手に入れることばかりを考えるのではなく、手放すことに心を寄せることです。見栄という荷物を積み過ぎると、やがて心の船は沈んでしまいます。

09

日日是好日

不安や悩みは一生続かない

この世にあるものすべては、一時ともそこに留まってはいません。波が打ち寄せるように、季節が移り変わるように、常に変化をしています。

「この世に常なるものは無い」

これが「無常」ということであり、仏教の根本的な考え方でもあるのです。

私たち人間もまた、無常の存在です。

今日という日よりも、明日という日のほうが、確実に年をとっている。ほんの少しではありますが、確実に死に近づいている。その変化は、自分でも気がつかないうちにやってきている。

そして、心さえも移ろいでいるものです。

お互いに心を惹《ひ》かれ合って恋に落ち、そして結婚をする。永遠の愛を誓いながらも、時間が経てば互いの心は移ろいでいく。「あの人は変わってしまった」と一方が言う。自分は変わっていないのに、相手だけが変わったと。

しかしそれは違います。

お互いが変わっているのです。相手の変化には敏感でも、自分の変化には疎《うと》い。人間とはそういうものなのです。

ただし、変わることがすなわち悪いことではありません。お互いが変わっていくのは当たり前のこと。まったく変わらない人間などいません。

大切なことは、お互いが変わったことを受けとめながら、それでも相手への思いをもち続けること。

相手の変化ばかりに目を向けるのではなく、自分自身も変わったことを素直に認めて、そこからまた始めることです。もっと言うならば、お互いの変化を、お互いに楽しむくらいでいいのです。

お互いの変化を素直な目で見たとき、そこには「変わることのない」姿を発見することができます。もって生まれた変わることない本質が誰にでもあります。変えようがない、と言ったほうがいいかもしれません。

その本質にこそ、暖かな目を向けることです。

表面的な変化にばかり目を奪われないで、互いの本質を見つめ合うこと。

それが絆を深めていくことにつながるのだと思います。

このように、人間の心さえも常なるものではありません。つまり、その心が生み出している悩みや不安もまた、常なるものではないということです。

永遠に続く悩みや苦しみはぜったいにありません。それらはときに自分の力で消し去ることができたり、あるいは知らない間に消え去っていることもあります。もっと言うなら、とても大きかった苦しみが、一転して喜びに変わることもある。その場に永遠に留まっている苦しみなどあるはずがないのです。

一例を挙げるなら、あなたが思春期に抱えていた悩みを思い出してみてください。悩み多き思春期ですから、いろんな悩みを思い出すことでしょう。

「一人前の大人になれるだろうか」

「就職することができるだろうか」

「結婚して家庭を築くことができるだろうか」

「自分のやりたいことが見つかるだろうか」

数えきれないほどの悩みを抱えていたことでしょう。

では、その思春期に抱えていた悩みを、今も同じように抱えていますか。

おそらくそんな人はいないはずです。大人になって経験を積んでいく中で、ほとんどの悩みは消えているものです。

「今思い出すと、小さなことに悩んでいたな」と思うでしょう。悩みを消す努力をしなくても、生きていく中で自然消滅していく。ほとんどの悩みはそんなものだと思います。

もちろん、思春期の悩みは消えても、新たな悩みや苦しみはやってきます。それは、若いころよりも真剣なものであるでしょう。人生での経験が増えれば増えるほど、悩みの範囲も増えてくるものです。

ただしそれさえも、また時が解決してくれる。永遠にその苦しみがつきまとうことはありません。30代で悩んでいたことも、70歳になればきれいさっぱり忘れてしまう。であるからこそ、人間は生きていけるのです。

悩みや不安さえも常なるものではない。そう信じて、今日という日を大切に生きることです。

「日日是好日《にちにちこれこうにち》」という有名な禅語があります。

「毎日が良き一日」という意味ではありません。一年の中で晴れの日もあれば、大雨の日もある。晴れの日が良い日で、雨の日が悪い日ということではない。

晴れの日には晴れの良さがあるし、雨の日には雨の良さがある。そう思うことで、毎日が自分にとって良い一日になるという教えなのです。

悩んでいる今日も、苦しんでいる今日も、それもまた、自分にとっては良い一日と考えること。いずれは変わっていくのですから、悪い日だと決めつける必要はないのです。

雨の日が三六五日続くことは、ぜったいにありません。

第2章

自分で自分を育てる

人は、人の中で生き、
人の中で成長し、
そして、一人で旅立っていく

IO

愛語

人は言葉によってつながっている

すべての人間関係には始まりがあります。親子は別にして、夫婦といえども始まりがある。当たり前のことです。

初めて出会ったときから、お互いを理解し合っていることなどありません。相手の年齢や仕事などは知っていても、その人となりは互いに分かりません。相手がどんな人なのか。自分と合うのか合わないのか。初めはお互いの心を探り合いながら、互いの理解を深めていくものです。

そのときに最も大切なものは、やはり言葉であると私は思います。

言葉なくして、人と人との関係は築くことはできません。

自分はどのように考えているのか。相手のことをどのように思っているのか。それを心の中に閉じ込めていては、相手に思いを伝えることはできません。

「自分のことを分かってもらえない」と嘆《なげ》く人もいますが、それは自分自身が相手に言葉を伝えていないからではないでしょうか。何も言葉にしないで分かってほしい。それはわがままで子供っぽい発想だと思います。

そして何よりも大切なことは、相手に対する言葉づかいです。慇懃無礼《いんぎんぶれい》なほどの言葉を使う必要はありませんが、やはり美しい言葉づかいを心がけることです。言葉づかいなどどうでもいい。心が綺麗であれば、多少乱暴な言葉づかいでもかまわない。そう言う人もいます。

もちろん何十年もつき合ってきた友人ならばそれでもいいでしょうが、それほど心を許せる関係は、そう多くはない。日常的に接する人たちに対しては、やはり美しく丁寧な言葉でやり取りすることです。

仏教ではこれを「愛語《あいご》」と言います。愛情のある言葉づかいをすることで、人との関係は暖かなものになる。棘《とげ》のある言葉のやり取りは、互いの心を閉ざしてしまう。これは一つの真理であると思います。

言葉の大切さを知りながらも、ついそれを蔑《ないがし》ろにしている人が多くいます。私の知り合いのご夫婦もそうでした。

長年連れ添ってきたご夫婦。あれこれ言葉で言わなくても互いの気持ちは分かっている。そう高をくくっているご主人は、妻が何かをしてくれてもお礼を言うことがありません。食事が終わっても「ごちそう様」の一言もない。お茶を出しても、ただ当たり前のように無言で飲むだけ。

ご主人はとても心の優しい人で、けっして横暴な人間ではありません。それは私もよく知っています。

ところがあるとき、奥さんが私にほんの少し愚痴《ぐち》をこぼされたのです。

「夫婦二人になって、まったく会話がなくなりました。部屋の中はいつもどんよりと雲がかかっているみたいです」と。

私はおせっかいだと知りつつ、あるときご主人に言いました。

「今さら奥様に向かって、優しい言葉をかけるのも照れくさいでしょう。それでも、ありがとうの言葉だけは忘れないでくださいね」と。

もちろんご主人は、奥様への感謝の気持ちを忘れたことはありません。いつも心では、ありがとう、と言っている。しかし、その言葉を外に出すことをしていませんでした。外に出さない言葉は、自分の心の中だけで堂々巡りをしているだけです。

外に出してこそ、言葉は命をもってくるのです。

そうしてある日、ご主人はその言葉を外に出したのです。

お茶を入れてくれた妻に向かって、「ありがとう」と言いました。

奥さんは一瞬耳を疑いました。ちょっぴり照れくさそうにしているご主人を見ながら、少しだけ涙が流れてきたそうです。

この瞬間に部屋を包んでいた雲はすっかり晴れました。

そして奥様は、小さな誓いを立てました。

「これからも、この人と生きていこう」と。

「ありがとう」という言葉。それは魔法の言葉です。

人間関係には言葉が大事ですが、何もたくさんの言葉である必要はありません。

流暢《りゅうちょう》に話をする人がいいということではない。口下手な人もいれば、多くの言葉をもっていない人もいるでしょう。

しかし、大切なことはそんなことではありません。大事なことは、相手に対する感謝の気持ちがあるかどうかです。

人間関係の礎になっている心。それは感謝の心だと私は思っています。

「ありがとう」という魔法の言葉を大事にしてください。

「ありがとう」が溢れている職場には、必ず元気が溢れている。

「ありがとう」という言葉を掛け合っている二人には、必ず強い絆が生まれてくる。

「ありがとう」が行き交っている家には、きっと幸せが宿っている。

私はそう信じています。

II

色即是空

あなたが見ている姿は、
ほんの一面に過ぎない

「色即是空《しきそくぜくう》」という言葉が「般若心経」の中にあります。

この世に起きていること。そのすべてには原因があります。たまたまの条件が重なり合って何らかの結果が生じてくる。

たとえば人間関係にしても、出会いという条件があればこそ、つき合いが始まるわけです。この出会いを「因《いん》」と言います。そして、その出会いによって生まれた関係のことを「因縁《いんねん》を結ぶ」と言うのです。

しかし、こうして結ばれた縁さえも絶対的なものではありません。ほんの少しでも条件が変わってしまえば、縁もまた移ろいでいく。所詮この世に現われているものは「空《くう》」であるという意味です。

少し抽象的になってきましたので、もう少し分かりやすく説明をしましょう。

たとえば、あなたが今働いている会社にいる人たち。その同僚たちは、同じ会社に入ったからこそ縁が生まれたわけです。

もしも今の会社を選ばなかったとしたら、その人たちとは出会っていなかったかもしれません。まずは、そのご縁に感謝をすることです。

ところが会社の中には、どうしても合わない人もいるものです。好き嫌いで言えば嫌いな人。その人の話し方も嫌いだし、仕事に対する考え方も好きになれない。無視することもできませんから、それが大きなストレスとなって積もっていきます。

職場における悩みの第一番は、人間関係のストレスだと言われています。確かに嫌な人と一日中、顔を突き合わせるのは苦痛です。

しかし、よく考えてみてください。その嫌いな人と出会ったのは職場です。職場というのはあくまでも仕事をする場ですから、仕事の目線が中心になるのは当たり前のこと。

自分では言いたくないことも、仕事を進めるために言わなくてはいけない。自分では違うと思っていても、立場上、仕方なしに別のことを言わなくてはならない。そういうことは往々にしてあるものです。

そしてあなたは、その人の会社での人となりしか見ていない。

職場を離れると、実はとても気が合う人かもしれない。このように人間とは、ある条件の中だけで他人を判断しているのです。

誰かと関わり合いをもつ。そこには必ず条件が備わっています。その条件ばかりに目を向けることは、その人の一部分しか見ていないことと同じなのです。

「あの人はこういう人だ」「あの人の性格はこうだ」人はつい決めつけたがる。しかし、人間とはそんなに簡単に決めつけられるものではありません。表面に現われているほんの一部だけを見て判断することは、人間関係を窮屈なものにするだけです。

たとえば同じ年頃の子供をもつ母親同士が知り合いになる。いわゆる「ママ友」というものです。この関係性の中で悩みを抱えている人も多いと聞きます。

子供を介して知り合ったわけですから、どうしても話題は子供のことが中心になってきます。

子供のことに関しては、つい感情的になってしまいますので、互いの気持ちに齟齬《そご》が生じることがあります。

それが原因でうまくいかなくなったり、隣に住んでいながらも疎遠になっていったりする。悩みの多くは、こうしたことから生じてくるのだと思います。

同じ年の子供をもっている。その条件にだけ執着するのではなく、相手との間に別の「因縁」を結んでみることです。

具体的に言えば、子供を幼稚園などに送った後でお茶を飲みながら話をする。そういう機会もあるでしょう。

そんなときには、あえて子育て以外の話をすることです。子育ての話はいつでもできます。どうしてもせざるを得ないものです。

であるからこそ、せっかく大人同士という条件ができたのですから、他の話題をもつことです。

自分は学生時代にどんなことをしてきたのか。

子育てが終わったらどんな仕事をしたいと思っているのか。

自分の人生についてどのように考えているのか。

子供のことではなく、自分自身のことを互いに語り合うことです。

そうすることによって、これまで抱いていた印象は大きく変わってくる。こんな考え方をもっていたのかという発見がそこにはあります。その互いの発見の数だけ、親しみは増していくのです。

あなたが見ているその人の姿。それがその人のすべてではありません。もしもその人との縁を大切にしたいと思うなら、もっと別の一面を見る努力をすることです。

これは友人でも会社の同僚でも、そして夫婦にでも言えることだと思います。

12

薫習

人から慕われたいなら、
人を慕うこと

みんなから好かれたい。まわりから認められたい。たくさんの人から慕われたい。そんな「されたい病」に罹っている人が多いようです。

自分では何も努力をせずに、ただ人からのアクションを待っている。そして好かれないことを自分のせいではなく、他人のせいにしている。自分のことを好きになってくれないのは、その人のせいだと。

もしもこんなふうに考えていたとしたら、きっといつまでたっても良い人間関係は生まれません。人と人との関係は、もちろんお互いの心によって生じるものです。一方的な関係は成立しません。

しかし、その関係を始めたり、深めるきっかけをつくり出すのは、どちらか一方であるものです。

もしもその人と関わりをもちたいと思うのなら、自分のほうから行動を起こすことです。相手が行動を起こしてくれるのを待っているだけでは、望んでいる関係は築くことはできません。

たとえば、会社の中に気になる人がいるとします。

一度、話をしてみたいと思っている。そんなときに、相手が話しかけてくれるのを待っているだけでは進みません。

まずは挨拶《あいさつ》をすることです。

朝に会えば笑顔で「おはようございます」と言う。一言も話したことがなくても、挨拶くらいはできるはずです。

そうして何度か挨拶を交わしていくことで、相手の心にも必ず残ってきます。そんな些細《ささい》なきっかけが、良き関係につながることはいくらでもあります。

「自分から声をかけるのが苦手だ」

「私は消極的な性格だから、そんなことはできない」

もしもそう思うのなら、声をかける必要はありません。厳しい言い方かもしれませんが、それくらいの気持ちしかないということだと思います。

人づき合いの上手・下手を性格のせいにする人がいます。自分はこういう性格だから、人づき合いが下手なのだと。

それは単なる横着心だと思います。人づき合いに上手も下手もありません。よく「人間関係のテクニック」とか「人づき合いが上手になる方法」などという書物を見かけますが、もしも人間関係にテクニックがあるのなら、人づき合いで悩む人などいないはずです。

そこにテクニックなどがないからこそ、人は人間関係に悩むのです。そして、心を通じ合えるテクニックがないからこそ、人間関係は面白く深みのあるものになるのだと思います。

相手に何かを望む前に、まずは自分のほうからその人との関係を築く努力をしてください。まわりを見回せば、魅力的な人はたくさんいます。

誰からも慕われて、たくさんの人たちが集まってくる。自分もあんな人になりたい。そんな憧れを抱いているのなら、まずはその人の近くに行ってみることです。

「薫習《くんしゅう》」という禅語があります。

日本では昔から衣替えの習慣があります。

冬に着ていた服を、春になれば仕舞い、春物の服を出してくる。服を仕舞うときには、防虫剤としてお香を入れていました。そのお香の香りが、仕舞っておいた服に移っている。

本来、服には何の匂いもありません。それが季節をまたぐうちに、とても良い香りを身にまとっているのです。

実は人間もまた、これと同じだと思います。

美しい心をもつ人の近くにいれば、自然と自分の心も美しくなっていく。邪な心をもち、悪行を重ねている人の傍にいれば、自分もまた悪いほうへと流されていく。


人間とは互いに影響を受け合いながら生きているものです。

お香の香りが服につくように、人間の心もまた、まわりに移っていきます。であるからこそ、尊敬できる人の近くに身を置くことが大事なのです。

みんなに慕われている人。その人の傍に身を置いて、その人の言動をよく見ることです。

きっとその人は努力をしている。自分のことよりも先に、まわりの人のことを考えている。細やかな気遣いを心がけ、相手の気持ちを慮《おもんぱか》っている。何もせずに慕われる人などいません。

その人の一挙手一投足を見つめながら、自分の行動を顧《かえり》みることです。そしてときには真似をしてみるのもいい。その人のもつ香りを精一杯、自分の身に移らせることです。

もしかしたら、そこにこそ「人づき合い」のテクニックなるものがあるのかもしれません。

13

悟無好悪

好き嫌いは、
自分の心が
生み出している

人との関わりの中に、好き嫌いはつきものです。ウマが合う合わないというのもあるでしょう。

できれば嫌いな人とはつき合いたくない。好きな人とだけつき合っていきたい。そう願う人も多いかと思いますが、では好きな人とだけつき合っていれば悩みはなくなるのでしょうか。

それは違います。好きな人だからこそ悩むこともある。どうして自分のことを分かってくれないのか。いつもは分かってくれるのに、なぜ分からなくなってしまったのか。

好きな相手だからこそ、その悩みが深くなったりもします。

要するに、心の好き嫌いと悩みとは別のところにあるものなのです。

さてこの好き嫌いですが、いったいどこから生まれてくるのでしょう。その多くは、実は先入観によって生み出されているのです。

たとえば過去につき合って好きだった人。その人とどこかが似ていれば好きになってしまう。過去に喧嘩ばかりしていた人に似ていれば、きっとこの人も同じだろうと嫌いになってしまう。あるいは周囲の噂話などにも左右されます。

「あの人はみんなに嫌われている」ということが耳に入るだけで、最初からその人のことを拒否してしまう。自分で確かめることもせず、誰かの無責任な噂話に影響されている。

つまり、ほとんどの好き嫌いは、つき合う前にでき上がっているのです。

それは、とてももったいないことだと私は思います。

たとえば、あなたのお隣さんが、誰かの悪口を言ったとします。「あの人とはつき合わないほうがいいですよ」と。その言葉を鵜呑《うの》みにして、その人を敬遠する。

それでは聞きます。どうしてあなたは、そのお隣さんのことをそれほど信頼するのでしょうか。お隣さんとその人との関係は、実は、あなたには何の関係もないことです。

そんな噂話にとらわれることは、あなた自身の人間関係を他人にゆだねること同じこと。それはあなたの人間関係ではなく、他人の人間関係を生きるということだと思います。

まずは余計な先入観を捨てて、自分自身の心で人を見ることです。他人の噂話に影響されてつき合いを変えるような人に、心からの友人はできないと私は思っています。


次に嫌いな人について考えてみましょう。

あなたが嫌いだと思っている人。その原因はどこにあるのでしょう。その人のどこが嫌いなのでしょうか。

これにはいろんな答えが返ってきます。「声が嫌い」「性格が合わない」「見た目が嫌い」、はては「嫌いなタイプ」などなど。

この原因を客観的に見てください。おそらくはそのどれもが感情的なものに過ぎません。相手にしてみれば、どうしようもないことです。

「声が嫌い」と言われても、生まれつきの声を変えるわけにはいきません。その人のせいでもなく、あなたの心が勝手に決めつけているだけのことです。

こうした決めつけは人間関係の幅を狭くしていきます。人間関係の幅を狭めることは、すなわち人生の幅を狭めることにもつながってくる。それはとても損なことです。

何もその人と結婚するわけでもありません。一生つき合っていくこともないでしょう。関わっている時間は、人生の中のほんの少しです。

であるならば、感情的に決めつけるのではなく、関わってみることです。深くつき合うことを求めるから、人は慎重になる。あまり深く考えずに薄《うっす》らとした関係でもいいのです。

もっと言うなら、好き嫌いという心を捨ててもいい。好きでもなければ嫌いでもない。どちらかと言うと少し好き。ちょっとだけ嫌いなところがある。それくらい曖昧な位置づけをすることです。

どちらか一方に決めようとするから、そこに悩みが生まれてくる。どうせ、決めることのできないことなのですから、あえてどっちつかずの状態で置いておけばいいのではないでしょうか。

心の中で好き嫌いを生み出すことを止めてしまえばいいのです。そんな心持があれば、ずいぶんと人づき合いの悩みは解消されるものです。ただし、どうしても好きになれない人もいるでしょう。理屈抜きに好きになれない苦手な人もいるものです。そんな人に出会ったときには、あえて嫌いになる必要もありません。ただ放っておけばいい。あなたがどうしても好きになれないという気持ちは、不思議と相手にも伝わるものです。

いずれは疎遠になっていく。自然につき合いが消滅していくものです。そのときを待っていればいいだけです。悪戯《いたずら》に解消しようとするから、そこにまた悩みが生まれてくるのです。

14

開門福寿多

心を包み隠さないで生きること

人は一人では生きてはいけません。どんなに強い人間でも、たった一人で生きていけることはない。

たとえ物質的に支えられることはなくても、どこかで誰かが心を支えていてくれる。であるからこそ、人間は生きていけるのです。まずは、このことをいつも心に留めておくことです。

人間には、強い部分と弱い部分があります。誰もがその両方をもっている。では、その割合はどれほどのものなのか。

圧倒的に弱い部分のほうが多い。私はそう思っています。

もしかしたら、それを知っているからこそ、人は自分の弱さを隠そうとするのかもしれない。自分が弱いことを知っているからこそ、何とかして強さを強調しようともがいているのかもしれません。

弱さを隠すために、人は無理をしたり、嘘をついたりします。

できないことをできると言ったりする。やってもいないことをやったと嘘をついたりする。

その気持ちは分からないでもありませんが、結局はその小さな嘘が自分自身を追い詰めることになります。

ちょっとした無理をすることで、難題を抱えることにもなります。始まりは小さな嘘や無理であっても、やがてそれは雪だるまのように大きな苦しみを生み出すことになる。そうなる前に、自分自身の心に正直になることだと思うのです。


人づきあいの中では、人はつい見栄を張ってしまいます。できるだけ弱音を吐きたくない。誰かに甘えたくない。自分の力だけで何とかやりたいと。

それは決して悪いことではないでしょう。自分の力でやれると思うなら、できる限りの努力をすることも大事なことです。しかし、心や体に限界を感じたときには、素直に弱みを見せることも必要だと思います。

誰かに何かを頼む。助けを求める。それはすなわち誰かに迷惑をかけることと同じだ。できる限り迷惑をかけないで生きていきたい。

日本人の心にはそんな気持ちが宿っています。とても美しい心根《こころね》だと思います。特にお年寄りには、未だにそのような思いをもっている人も見かけます。

一人暮らしのお年寄りが、誰にも助けを求めることなく、ひっそりと亡くなっていく。そんな悲しいニュースが後を絶《た》ちません。

どうして一言でも助けを求めなかったのか。誰か一人にでも助けを求めていれば、まだ幸せな時間を過ごすことができたのに。私はそのニュースに触れるたびに、心が締めつけられるような思いがします。

これはお年寄りだけの話ではありません。子育てに悩んでいるお母さんもたくさんいるでしょう。会社の仕事がうまくいかないと悩んでいる人もたくさんいるでしょう。

どんな世界にも悩みは必ずあります。しかし、その悩みをたった一人で抱え込んでいる人が増えています。

自分の力だけで解決しようとする。そしてそれが叶わなければ、自分のせいだと自分を責め立てる。やがて心は追い詰められていきます。

かといって、誰彼となく助けを求めるのも憚《はばか》られるでしょう。

そうであるならば、せめて一人でも二人でもいいから、弱音を吐ける人をつくっておくことです。友だちでもいいし、もちろん肉親でもかまいません。

心が帰る場所、安心して弱音を吐ける場所。その場所をもっておくこと。

そしてその場所は自分が作らなければなりません。こちらが何も相談しないのに、誰かが気持ちを慮ってくれることなどありません。「悩んでいない」と言われれば、そうですか、としか答えようがない。

まずは、自分のほうから心の扉を開くことが大事なのです。

「開門福寿多《もんをひらけばふくじゅおおし》」という禅語があります。

何も包み隠さずに、心の門を開いておくこと。無理をしたり、嘘をついたり、見栄を張ったりすることなく、素直な自分を表に出していくこと。そういう生き方をしていれば、必ず良いことがやってくる。そういう教えです。

人は、助け合うことで生きています。

誰かを助けたり、ときには助けてもらったり。その繰り返しで私たちは生きている。助けたときには見返りなど期待していません。ただ心が助けたいと言っている。

人の心とは暖かなものです。そして、助けてもらったときには、その感謝の気持ちを忘れないことです。

誰かに助けてもらうことは、けっして負い目になることはない。助けてもらったという経験こそが、人生を暖かなものにしてくれる。

私はそう信じています。

15

和顔愛語

和らぎの笑顔と
いたわりの言葉を
いつも心に

人間関係の基本は、挨拶にあると言っても過言ではありません。

この「挨拶《あいさつ》」という言葉は、もともとは禅語なのです。

挨拶は、禅僧同士が会ったときに、相手の悟りの深さを試すために問答を交わしたこと、これを「一挨一拶《いちあいいちさつ》」と言いました。「挨」も「拶」も「押す」「迫る」という意味で、「挨拶」という言葉はここに始まります。

それはさておき、朝に出勤して同僚と会う。笑顔で「おはよう」と声を掛け合う。家族が起きてきたら「おはよう。今日もいい天気だよ」と笑顔で言う。たったこれだけのことで、その日がとても良い一日になるものです。

いつも柔らかな笑顔を絶やさず、相手に対して思いやりある言葉をかける。禅語の中にある「和顔愛語《わげんあいご》」という言葉がそれを教えてくれています。

笑顔というのは、人間だけに与えられた素晴らしいものです。

犬や猫も、怒りや喜びの感情は表わすことができますが、笑顔を見せることはできません。

笑顔とは、私たちに与えられた、幸せを生み出すための最高の贈り物だと私は思っています。

人はそれぞれに違う顔をもっています。美人と言われる女性もいれば、そうでもないという女性もいるでしょう。ハンサムな男性もいれば、そうではない男性もいる。好みはあるでしょうが、すべての人が魅力的な顔をしているわけではありません。

ただし笑顔というものは、100%魅力的なものです。

どんな容姿であれ、笑顔を見せた途端に魅力的な顔になる。どんな美人でも、しかめっ面の女性に魅力を感じることはありません。せっかく与えられた笑顔という能力を、もっと使わなければ損だと思いませんか。

また、笑顔は他人のためだけにあるのではない。それは自分自身のためにあるものなのです。

たとえば「寂しかったり怒っているときに笑顔などできない」と言います。その気持ちも分かります。それでもあえて、怒っているときにこそ笑顔をつくってみることです。

感情が表情に出る。それは当然のことですが、反対に表情が感情をつくり出すこともあるのです。

夫婦喧嘩になったときなどは、お互いの表情は硬く醜《みにく》いものになっています。相手にかける言葉にも棘がたくさんこもっています。その醜い顔と棘のある言葉で向き合っていれば、さらに怒りの感情は激してくるでしょう。

もしも「喧嘩をするときには笑顔で、思いやりある言葉を選んですることにしよう」。そんな決めごとがあればどうでしょうか。

何かでぶつかり合ったとき、互いの主張を美しく思いやりある言葉で言い合う。それも笑顔をつくりながら。きっと喧嘩にはなりません。

子育てをしていれば、感情的になることもあるでしょう。子供が言うことを聞いてくれない。何度注意してもまた悪戯を繰り返す。さすがの母親でも頭にくるものです。そんなときにも、けっして怒ってはいけません。

怒るというのは感情をぶつけることです。

「怒る」のではなく、子供のためを思って「叱る」ことが大事です。

叱るという行為は、冷静になっていなければできない。まずは「怒る」と

「叱る」の違いを、自分によく言い聞かせておくことです。

それでも、感情的になることもあります。そんなときにこそ、優しい言葉を選んでみてください。そして無理をしてでも笑顔をつくってみてください。鬼のような形相で「何をやってるの！」と怒るのではなく、優しいまなざしをもって「そんなことをしたらいけないのよ」と言うことです。

同じ注意をしても、感情的に怒られた子供にとっては、怖かったことしか頭には残りません。何を注意されたのかは、すっかり忘れてしまうものです。夫婦喧嘩もしかりです。感情的なぶつかり合いが残すものは、互いへの憎《にく》しみや不信感だけです。相手の立場を考えながら主張をし合うことで、より深い理解へとつながっていくのだと思います。


いつも柔らかな笑顔を心がけることです。それはへらへらとすることではありません。相手に対する暖かなまなざしをもつということです。

目を三角にしてはいけない。そして慈《いつく》しみの言葉をかけることです。少しの心がけさえあれば、誰にでもできる簡単なことです。

ただそれだけの心がけがあれば、人づき合いは必ず良い方向に向かいます。

そして何よりも、自分自身が生きやすくなっていく。笑顔と暖かな言葉は、相手にぶつかって、やがては自分自身へと返ってくるものです。

16

平等即不平等

どんな相手でも
分け隔てなく
接する心をもつ

たくさんの人がまわりに集まってくる。みんなから信頼され、好かれる人がいます。そんな人をよく観察してみると、そこには一つの共通点があります。

それは、誰にでも分け隔《へだ》てなく接するということです。誰かを特別扱いしたり贔屓《ひいき》したりすることなく、誰に対しても同じ態度をもって接している。

もちろん好き嫌いはあるでしょうが、それを表に出すことをせず、常にまっすぐな心でまわりと接している。そんな態度が、たくさんの人を惹きつけるのだと思います。

誰に対しても分け隔てなく接する。それは素晴らしいことではありますが、なかなか実践できるものではありません。

つい一人の人間を特別扱いしたり、反対に蔑《ないがし》ろにしたりする。分け隔てなく接しているつもりでも、どこかで優劣をつけたりしている。人間の心にはそういうものが宿っているものです。

それでもやはり、できる限り、平等に接するように心がけることが大切だと思います。

では、平等というのはいったい何を示すのでしょうか。

人間にとっての平等とは何なのか。昔から人は、この命題を考え続けてきました。

禅の中にも、「平等即不平等《びょうどうそくふびょうどう》」という言葉があります。この言葉の意味を説明しましょう。

たとえば会社というところは、表面上はとても平等な場所です。10人の部下がいれば、10人に同じ仕事を指示する。営業職ならば、みんなにこの商品を売ってきなさいと上司は言います。そしてその結果として、たくさん売った部下は高い評価を得ることになります。

一方で、一つも売れなかった部下は評価されません。そんなことは当然だと思われるかもしれませんが、実は、これは禅が考える平等ではありません。

確かに同じ仕事を与えるわけですから、表面的には平等に見えます。

しかし、その仕事が得意な人間もいれば不得意な人間もいる。もしかしたら営業は不得意でも、企画が得意な人間もいるかもしれません。人間のもっている能力はそれぞれです。

人はみんな違うもの。それを一緒くたに纏《まと》めることが平等ではありません。ほんとうの平等とは、それぞれに合った仕事をさせてあげること。得意な分野を引き出してあげることなのです。

分け隔てなく部下を見るということは、同じ土俵だけで評価することではありません。それぞれの良さに目を向けてあげることなのです。


子育てにしても言えることです。自分の子供と隣の子供を比べる。

隣の子は学校の成績がとてもいいのに、自分の子供は成績が悪い。同じ学校に通って、同じ先生に教えてもらっているのに。塾にも行かせて、同じ環境を与えているのに、どうして自分の子は成績が悪いのだろう。

そんなもどかしさをつい子供にぶつけてしまう。

他人の子供と比較するならまだしも、同じきょうだいで比べたりもします。

お姉ちゃんは算数がよくできたのに、どうしてあなたはできないの、そう言って弟を責める。お兄ちゃんはかけっこが速かったのに、どうしてあなたは運動ができないの、と。

そんなふうに責められても、どうしようもありません。算数が不得意なのだから仕方がない。一生懸命に走っても、足が遅いのはどうしようもありません。

同じ親から生まれたのに、どうしてこうも違うのか。そう嘆く親もいます。まったく理不尽な嘆きです。

きょうだいであっても、まったく別の人間です。いくら同じ環境で育てても、それぞれにもっている個性があります。その個性に目を向けることをせず、勝手に同じだと決めつけている。

これは子供にとって不幸なことだと思います。

「分け隔てなく育てたつもりであるのに、どうしてきょうだいでこうも違うのかしら」と言う親がいます。

その答えは簡単です。上辺《うわべ》は分け隔てなく育てたとしても、心の中にはいつも分け隔てをもってきた。ただ比べるばかりで、我が子のほんとうの姿を見てやれなかった。そういうことだと私は思います。

人間はすべて平等でなくてはいけません。

一人一人がもっている良いところに目を向けなければいけない。上っ面の平等にとらわれることで、まったくの不平等が生み出されている。そのことに気がつかなければならないのです。

目の前にいる、その人自身を見てください。

余計な思い込みや表面的な条件を取り払って、素直な心で接してください。

その中にこそ、心が通い合う瞬間があるのです。

17

同事

苦しみも悲しみも
分かち合えるもの

楽しいことをしているとき、喜びの感情に包まれているとき、人づき合いはうまく運ぶものです。

多少気の合わない人であっても、好きではない人がいたとしても、楽しいときには気になりません。

そういう意味では、楽しさや喜びというのは、比較的簡単に分かち合うことができます。いつも楽しい心持でいることができれば、人間関係の悩みなどは小さなものとなるでしょう。

ところが実際には、そういうわけにはいきません。悲しみに暮れることもあれば、さまざまな悩みを抱えることもあります。そんなときに人は、つい心を閉ざしてしまいます。

自分はこんなにも悲しい気持ちでいるのに、まわりの人たちはみんな楽しそうに見える。悲しんでいるのは自分だけだ。自分はこんなに深い悩みを抱えている。きっと誰も私の悩みなど分かってくれないだろう。

そう思って心を閉ざしてしまう。

たった一人で悩み、たった一人で悲しみに耐えている。そしてその感情が溢れたとき、心の病にかかってしまうのです。

悲しみや苦しみを抱えたときこそ、心を寄せ合う人を求めることです。

この世の中で、悩んでいるのはあなた一人ではありません。同じ悲しみや苦しみにもがいている人はたくさんいます。そういう人たちとの出会いを求めることです。

禅の中に「同事《どうじ》」という言葉があります。

同じ気持ち、同じ環境にいる、ということを言います。この「同事」に目を向けることです。


お釈迦様の逸話《いつわ》の中に、こんな話があります。

お釈迦様が布教《ふきょう》のために行脚《あんぎゃ》をしていると、一人の女性が救いを求めてやってきました。

「私は幼い我が子を亡くしました。その苦しみに耐えることができません。どうか我が子を生き返らせてください」

女性は泣きながらお釈迦様にすがりました。

「それでは、この30年間、一人も肉親を亡くしていないという家を探してください。その家の灰をもらってきてください。その灰があれば、あなたの子供を生き返らせてあげます」

お釈迦様は、そう答えました。

女性は村中の家を訪ね歩きました。それでも肉親を亡くしてない家は見つからず、隣の村にまで足を運んで探し続けました。

その中には、女性と同じように我が子を亡くした母親もいました。夫やきょうだいを亡くした人もいました。

そうして数か月が経ち、女性は気がついたのです。自分のような苦しみを抱えている人は、この世にはたくさんいるということを。

「悲しみを背負っているのはけっしてあなただけではない。誰もが悲しみと苦しみの中で生きている」

お釈迦様はそのことを教えたかったのです。

私のお寺のお檀家さんで、不治の病でお子さんを亡くされたご夫婦がいらっしゃいました。生まれたときから病に侵《おか》されていました。

命が長くはないことは分かっていても、それでも我が子を亡くした悲しみは大きなものです。

一カ月に一度はお墓参りにお見えになっていました。

ご夫婦の悲しみは癒《い》えるどころか、ますます大きくなっているような気がしました。明らかにお二人とも憔悴《しょうすい》しきっていたのです。

「和尚さま。この悲しみから逃《のが》れることはできないんですね。私たちは一生、この悲しみとともに生きていくのですね」

ご主人は私にそう言いました。深い悲しみを癒す言葉を私はもっていません。ただ、「同事」について少しの話をしてさしあげたのです。

「きっと、お二人と同じ悲しみを抱えた人はたくさんいらっしゃるはずです。そういう人たちとご縁をもってみてはいかがですか」

我が子や肉親を不治の病で亡くした人。そういう人たちが集まる会合があります。そういう場に身を置いて互いの悲しみを吐き出し合う。同じ境遇を抱えた者同士で気持ちを分かち合ってみる。それが心を支えることもあるのです。

「傷口をなめ合う」という言葉は、マイナスにとらえられがちです。

しかし、それはけっしてマイナスばかりではありません。苦しいときには、互いの傷口をなめ合えばいい。手を取り合って涙を流せばいい。恥ずかしいことでも何でもありません。

それもまた、大切な人間関係の一つだと思います。

それから半年が経ったころ、ご夫婦は少しだけ元気になってお寺を訪ねてくれました。悲しみを分かち合う人たちに出会ったのでしょう。

人間は、深い悲しみを一人で抱えきれるほどの力をもっていません。また、一人で抱える必要もない。ともに分かち合っていくことで、再び前を向いて歩き出せるのです。

18

無功徳

求めない

のです。

「無功徳《むくどく》」という禅語があります。

これは達磨大師《だるまだいし》と、梁《りょう》の武帝との間でなされた問答の中に出てくるものです。

あるとき、武帝が達磨大師に問いかけました。

「私はこれまで多くのお寺をつくり、たくさんの人々を出家させました。仏教のために尽くしてきました。いったい私にはどんな功徳《くどく》があるのですか」と。

つまり、尽くしてきた見返りは何だったのかを聞いたわけです。

そこで達磨大師が答えたのが「無功徳」。見返りなど何もない、ということだったのです。

禅の考え方の基本は、「無心無作《むしんむさ》」にあります。

自分が誰かに行う行為は、すべて無心である。そこには何の策略も計算もない。見返りや果報を期待するのではなく、ただその人のことを考えて行う。

そういう生き方こそが、何よりも清々しい生き方であると。

人はつい、相手に対して何かをしてあげると、そこに見返りを求めます。

手助けをしてあげて、相手から感謝の言葉を期待する。それくらいならいいのですが、そこに形ある見返りを求めることが多い。それはきっと西洋の「ギブ・アンド・テイク」の発想が染みついてきたからだと思います。

誰かに尽くすことによって、見返りとしての金品を期待する。

そして見返りがなければ、何となく損をしたような気持ちになる。ビジネスの世界では仕方のないことでしょうが、こうした発想をあまり日常にもち込まないほうがいい。

もちろん昔から、お返しをするという習慣を日本人は大切にしてきました。隣の人からおすそ分けをしてもらえば、次にはこちらもおすそ分けをする。決められたことではないのですが、お互いの心の代わりとしてやりとりをしていたものです。

そんなときに、こちらは魚を三匹もおすそ分けしたのに、相手からは芋しかもらわなかったなどと思う人はいないでしょう。

大事なことはおすそ分けするという心であって、物の価値ではないということです。これが「ギブ・アンド・テイク」と「おすそ分け」の違いです。

見返りだけでなく、相手に求め過ぎることをしてはいけません。相手に求めることは、すなわち自分自身を生きづらくしているようなものです。

たとえば「うちの夫は家事を何も手伝ってくれない」という不満をこぼす女性がいます。もちろん家事を手伝わない夫が悪いに決まっていますが、そんな夫に対して腹を立てることは、結局は自分のほうが損をするだけです。

夫に手伝ってくれることを求めている。求めているのにまったく手伝ってくれない。そのことに対してイライラする。イライラすることは自分の心にとってマイナスになります。

初めから手伝いなど求めなければいいのです。

自分がやるというふうに決めてしまうこと。そのほうが物事は早く済みますし、相手に期待をしないのですから裏切られることもありません。

もしも手伝ってくれれば、それはプラス・アルファの喜びくらいに思えばいいのです。

そういう私も、頼みごとをすることがあります。どうしても時間がないとき、弟子や娘に「これをやっておいてくれるかな」と頼みごとをします。

そして、家に帰って「頼んでおいたこと、やってくれた？」と聞く。そのときに「まだやってません」と言われれば、私もまたイラッとすることはあります。

「しっかりと頼んでおいたのに、どうしてやってくれないのか」と、心の中でつい思ってしまう。

そんなとき私は、すーっと息を整えて自分に言い聞かせるようにしています。

「頼んだのは自分のほうだ。それを相手のせいにしても仕方がない。今は時間があるのだから、自分でやることにしよう」と。

誰かに何事かを託《たく》す。

それが自分の思っているような結果につながらない。その責任は相手にあるのではありません。お願いをした自分自身にあるのです。

もしもそれが大切なことであるのなら、初めから託さないで自分でやることです。自分がやるべきことはすべて自分でやるようにする。誰かに頼ったり、任せたりしないで、自分がやること。そう心がけることで、余計なイライラはなくなるものです。

相手に求め過ぎてはいけません。相手に望《のぞ》み過ぎてはいけません。自分の代わりを求めたり、見返りを求めたりすることで、どんどん生きることが不自由になっていきます。

返ってこないものをイライラしながら待つよりも、返ってこないことを前提として考えることです。

求めるべきは他人ではなく、自分自身であることを知ってください。

19

切磋琢磨

傷つくことを怖がらないで

どんなに素晴らしい宝石でも、それを磨くことをしなければ光り輝くことはありません。ダイヤモンドの原石も、磨くことによって光を放ちます。手間と時間をかけて磨くことで、宝石となるわけです。

これがもともとの「切磋琢磨《せっさたくま》」の語源となっているのです。

「切磋琢磨」という言葉は、ついライバル意識のようにとらえられますが、実はそうではありません。どちらかに優劣をつけたり、互いに勝ち負けをつけるような関係ではない。お互いに競い合うことで、双方が成長を遂げていく。そんな関係を示す言葉なのです。

私たちは、自分一人の力だけで成長することはできません。たくさんの人に教えを受けたり、あるいはたくさんの人と心を擦り合うことで成長していく。

知識は一人で貯めることができても、生きていくうえでの智慧《ちえ》は一人では身につきません。ともかく他人と関わることが大事なことなのです。

では他人と関わるとはどういうことなのか。

それは、ただ一緒に楽しんだり、上辺だけのつき合いをすることではない。互いの心や考え方をぶつけ合い、その心を切磋琢磨することなのです。

そしてこれは、やはり顔を合わせることでしか生まれてはきません。

今や、ネット社会がますます進み、パソコンを通してのつき合いがどんどん増えています。もちろん情報交換などの場としては便利ですが、そこには心と心のぶつかり合いが見えません。

たとえば、意見や考え方がぶつかり合ったとき、画面上でのぶつかり合いは心に響かない。

自分が賛成している意見があれば、賛成をしている人とだけつながろうとする。反対をしている人の考え方を聞くこともなく、意見が対立した瞬間に交流を切ってしまう。それはとても怖いことだと思います。

すべての人間関係を自分に合うか合わないかで決めつける。同じ意見をもつ人ばかりとつながろうとし、それ以外の人を排除してしまう。それでは人生の幅は一向に広がることはありません。

もしも互いの考えが違うのであれば、正面からぶつけ合うことです。何も喧喧嘩腰になることではありません。自分の考えをしっかりと相手に伝え、そして相手の考えもまずは受け止めること。

賛成か反対か。それは100か0かではありません。

白か黒かだけではなく、必ず灰色の部分がお互いにあります。考え方は違いますが、相手の言うことも一部は理解できる。そう思えるものが必ずあるはずです。

初めから決めつけたり相手を拒否するのではなく、まずは思いをぶつけ合ってみること。それはパソコンの中ではできないことです。

コミュニケーション能力が低くなっている。特に若い世代ほど人との関わり方が下手になっていると言われています。

それはきっと、ぶつかることを必要以上に怖がっているからではないでしょうか。

誰かとぶつかって、自分の心が傷つくのが怖い。自分の考えを主張して、それを受け入れられないことが怖い。ですから、表面的に合いそうな人とばかりつき合おうとする。

これでコミュニケーション能力が育つはずはありません。なぜなら人間関係というのは、ぶつかり合うことのほうが圧倒的に多いからです。

もちろん、相手の心を深く傷つけるような言葉を投げかけてはいけません。それは心のぶつかり合いなどではなく、単なる貶《おとし》めに過ぎない。その人を貶めるためにぶつかり合うのではない。その人との暖かな関係を築きたいがための言葉でなくてはなりません。


小さな行き違いやぶつかり合いはあって当たり前です。夫婦であれ、友人であれ、仕事場の同僚であれ、いつも心が重なり合うことなどありません。一人ひとり考えが違って当たり前。その考えもまた、日々で変わることさえあります。

そんな小さな心のぶつかり合いによって、お互いの心は少しずつ磨かれていく。土だらけだった原石が、いつしか美しい光を放つようになる。それこそが心の成長ということになるのです。

心を傷つけられることは確かに怖いことでもあるでしょう。

しかし、傷つくだけの人生など絶対にありません。

心に傷を負ったときには、必ずその傷を癒してくれる人が現われます。

あなたが誰かと関わりたいと願っている限り、必ずあなたの傷ついた心に寄り添ってくれる人がいる。それが世間というものです。

傷つけられることはあっても、その心に寄り添ってくれる人はいない。ネットという架空の世間とは、そういうことだと私は思っています。

20

一期一会

一度の出会いさえ、心に刻みながら生きる

「一期一会《いちごいちえ》」という言葉は誰もが聞いたことがあるでしょう。もっとも有名な禅語の一つと言えます。

「一期」というのは、人間の一生涯のことを意味しています。「一会」というのは字のごとく、一度きりの出会いという意味です。

たとえば、友人といつもと同じ場所で、同じような時間を過ごす約束をしたとしても、けっして今と同じ時間は訪れません。

この今の、一度きりの一時を何よりも大事に過ごす。これが「一期一会」の意味するところです。

しかし、この言葉を次のように応用して解釈することもできます。

私たちは生きていく中で、実にたくさんの人と出会い、そして関わりをもっていく。まったく誰とも関わらずに生きていくことは不可能です。

友人や同僚をはじめとして、ご近所の人たちや同じサークルに所属する人、そして朝の挨拶しかしたことのない人まで含めると、関わる人の数は数えきれないほどになってきます。

そして、その数多の出会いの中で、たった一度しか会わない人がほとんどなのではないでしょうか。

一度しか会わない人。つい記憶の中から消え失せてしまう。名前を覚えるばかりか、会ったことさえ忘れてしまっている。

実は私たちの人間関係のほとんどはそういう人たちなのです。実際に、たまたま道を聞かれた人のことなど覚えているはずはありません。

人生は一時たりとも留まっていることはありません。人との出会いもまた、留まることなく流れてきます。意識するしないにかかわらず、知らないうちに多くの出会いがあなたのまわりにはやってくる。

そんなたった一度の出会いにさえ、少しだけ心を寄せてみることです。

今日はこんな人に会ったな。とても感じの良い人だったな。昨日出会ったあの人は、あまりつき合いたいと思わないな。少しだけ出会った人たちの顔を思い浮かべ、一度の出会いに目を向けてみること。

ほんの一瞬だけ思い返すだけで、すぐに流してしまえばいい。それは大切なことだと私は思っています。

「一期一会」に目を向けてみること。

もう二度と会うことのない人にさえ心を寄せてみること。では、どうしてそれが大切なことなのか。

それは、人間とは他者を通して自分自身を見ているからです。

自分がどういう人間なのか。自分の存在意義はどこにあるのか。その答えは、自分一人の中からは生まれてきません。

自分自身でその答えを導き出すことはできない。他者という鏡を通してこそ、自分の姿を見ることができるのです。

自分が何者か分からない。自分が何のために生きているのかさえ分からない。そんな根源的な悩みを抱えている人もいるでしょう。

そういう人は、自分だけの鏡に姿を探している。けっして映し出されない自身の鏡の中に、自分の姿を見つけようとしているのです。

自分とは何者かを知りたければ、一期一会を大事にすることです。出会った人たちのことをよく思い出して、その人のもつ鏡に自分を映してみること。

感じが良い人だという印象をもったとしたら、どうして感じが良いと思ったかを自分自身に問いかけてみる。二度と会いたくないと思った人ならば、その人のどこが嫌なのかを考えてみる。そうした小さな積み重ねが、やがては自分の姿をはっきりと浮き立たせてくれるのです。

また、「一期一会」を利用して、人間関係の悩みをほどくこともできます。たとえば、会社の中に大嫌いな上司がいたとしましょう。毎日その上司の顔を見るだけで憂鬱《ゆううつ》な気分になってくる。そんな経験は誰にでもあるものです。しかし、その憂鬱さに心をとらわれてはいけません。憂鬱な気分はやがて心の中に深く染み込んできます。

そんな憂鬱さとつき合っているくらいなら、その上司との関係もまた、「一期一会」だと割り切って考えることです。

いずれその上司はあなたのところからいなくなります。定年退職することもあれば、どこか別の部署に異動になることもある。一生つきまとわれることなどぜったいにありえません。

あるいはＰＴＡなどの中にも、どうしても合わない人もいるでしょう。しかし考えてみれば、子供が卒業すれば、もうその人とつき合うことはしなくてもすみます。いずれ離れていく人に対して、いちいち悩んだりするのは自分が損をするだけです。

今の状況が延々と続くことはありません。今の人間関係が人生のすべてであるはずはない。それらは常に移り変わっています。

一度の出会いを大切にするのも「一期一会」なら、いずれつき合いは終わると考えることもまた「一期一会」なのです。自分の心に負担をかけないように、この言葉を上手に解釈すればいいと私は思います。

21

薫風自南来

縁は平等に訪れるもの

「良い縁に恵まれなくて結婚ができない」
「友だちはたくさんいるけど、結婚相手との縁がない」
「どうして私は縁に恵まれないのだろう」
そう嘆く女性をたくさん見かけます。各地にある縁結びの神様は大忙しです。

縁というものは、誰のところにも平等にやってくるものです。

人は常に縁の流れの中に生きている。その縁を結ぶか結ばないかは本人次第ということなのです。

もちろん縁の中にも良き縁と悪《あ》しき縁があります。そのどちらと縁を結ぶかは自分次第。

「自分のところには邪な人間ばかりが集まってくる」という人は、ただそういう人間と縁を結んでいるだけのこと。それは誰かのせいではなく、あくまでも自分自身の問題であることを知ってください。

さて、結婚に縁がないと嘆いている人たち。そういう人の気持ちをよく聞けば、そこには自分の力で縁を運ぼうとする意識が見え隠れします。

具体的に言うと、自分が素敵だと思える異性と縁があって出会う。そして互いに愛を育《はぐく》んで、結果として結婚にたどり着く。その一連の流れを「良い縁」だと考えているようです。

しかし、縁というものは不思議なもので、人智を超えた力によって運ばれていくものなのです。

互いに惹かれ合う人と出会う。これは縁です。一つの縁を互いに結ぼうとした結果としておつき合いをするようになる。しかし、そこから先は、縁は見えない力によって運ばれていくものです。

二人で縁を結んで、結婚したいと思ったとしても、まわりの状況が邪魔をすることもあります。

結婚は二人だけの問題ではありません。両親や縁戚、あるいは会社の都合や仕事の問題など、さまざまなものが合わなくてはできません。

たとえば互いに結婚を心に決めていたのに、一方が海外に転勤になる。かといって仕事を辞めてついていくこともできない。そうして2年も過ぎたころには、二人の心は離れていってしまう。そんなこともあるでしょう。

これは誰かが悪いということではありません。

ただ、大きな力によって縁が運ばれただけなのです。

反対に、二人には強い結婚の意思がなくても、何となく結婚に至ることもあるでしょう。

まわりにも祝福され、ぴったりのタイミングで結婚という運びになる。出会ったときには互いに結婚を意識してなかったのに、気がついたら結婚していたと。これもまた大きな力に運ばれた縁によるものなのです。

縁というのは、結んだ後はどこに運ばれるかは分かりません。無理をして運ぼうとしても、なかなかうまくいかないこともあります。無理をすればするほど、縁が遠のいていくこともある。

そうであるならば、いっそのこと運に任せてしまうことです。

流れてくる縁を結ぶ努力はしなければいけません。ただし、一度結んだ縁は、運ばれるがままに身をゆだねてしまうことです。

そして、もしもその縁が思うように運ばれなかったとしても、それは悲しむべきことではありません。一時は悲しみが襲ってくるでしょうが、やがてその悲しみも流されていきます。「縁が運ばれなかったのだな」と思ってしまうこと。そして再び、目の前を流れる縁を捕まえることです。

夫婦になってから、長い年月が経つ。思い返せば、小さな行き違いはたくさんあった。我慢できないと思ったこともあった。初めのころの愛情は姿を消し、変化のない淡々とした日々を繰り返してきた。おそらく多くの夫婦には、そのような感情があることでしょう。

これもまた二人を運んだ縁だと私は思います。

小さな行き違いはあって当たり前です。夫婦喧嘩も繰り返してきたでしょう。それでも、これまでともに生きてきた。どこかで不満を抱えながらも、結局は心のどこかで相手を許してきた。心の奥にある思いやりを忘れることはなかった。

その結果として、今があるのです。

もしも、どうしても許すことのできない行き違いがあれば、そこで二人は別れていたに違いない。我慢が限界を超えれば、水が溢れ出すように不満は溢れてきます。

そんなふうになることなく、長きにわたって一緒に暮らしてきた。これもまた縁だと思います。

大きな力によって運ばれた、暖かな二人の縁だと思います。その縁に感謝の気持ちをもち、これからも大切にしていくことです。

縁は誰のもとにも平等に流れてきます。

しかし、その縁がどこに運ばれるかは、必ずしも平等ではありません。その大きな力による不平等を嘆いたところで、人生は幸せにはならないのです。

22

共生

あなたもともに生きている

心から信頼し、互いに心を許し合うことができる。

そんな関係の中で生きることは、とても尊《とうと》いことです。

たとえ一緒にいなくとも、しょっちゅう会うことがなくても、いつも心の中にいてくれる。いる場所は別々でも、心は常につながっている。その安心感こそが、生きる勇気を与えてくれるのです。

その中でも、最も力を与えてくれるのは、やはり家族の存在でしょう。

どんなに苦しい仕事が待ち受けていても、我が子の顔を思い出すだけで力が湧いてくる。家に帰れば愛する家族が待っていてくれる。そのことを思うだけで、苦難にも立ち向かうことができます。

たとえ離れて暮らしていたとしても、家族の存在を感じるだけで幸せな気持ちになる。家族とはそういうものです。

人はいつも誰かとともに生きています。

たとえ一人きりの状態にあったとしても、心はいつも誰かとつながっている。

それを仏教では「共生《ともいき》」という言葉で表しています。「共生」というのは、実際に一緒に暮らすことばかりではありません。同じ場にいたり、同じ仕事をすることではない。「共生」とは、お互いの存在がそれぞれの支えになっているということ。

自然の中では、草木や虫たちが共生しています。それぞれが支え合うことで生きることができる。人間の社会も同じこと。互いに支え合うという気持ちをもつことこそが、いちばん大切なことなのです。

そしてもう一つ知っておかなくてはいけないことは、あなたを支えてくれているのは、何もこの世に生きている人だけではないということ。すでにあの世に旅立ってしまった父や母もまた、あなたの心をしっかりと支えてくれているのです。

ときに亡くなった両親を思い出し、悲しみが襲ってくることもあります。たとえ大往生だったとしても、やはり親を失うという悲しみは特別なものです。いつも考えているわけではありませんが、ふとした瞬間に思い出したりする。もう一度声が聴きたい。一目でいいから会いたい。そう思うこともある。

そんな悲しみに襲われたときには、鏡の前に自分の姿を映してみてください。その鏡の中には、きっと両親の面影が宿っているものです。

顔は似ていないのに、ふとした自分の表情に両親の面影を見つける。

子供を叱る自分の声を聴いて驚くことがある。どこかで聞いたことのある声。そうです、その声はあなたの両親と同じ声なのです。

男性ならば、鏡の中には父親が見えます。

女性ならばそこに母親の面影を見つけることができるでしょう。

たとえ両親の姿はなくとも、きっとあなたの中で生き続けている。いつも亡くなった両親とともに生きている。

亡くなったご先祖様やご両親が、あなたを支えてくれていることを知ってほしいのです。

もしも、どうしても両親の声を聴きたいと思うなら、お墓参りに行くことです。両親のお墓の前に佇み、お花とお線香を供えて手を合わせる。

心の中で、両親に話しかけてみることです。

「今の苦しみをどうすればいいのか」と問いかけてみる。

きっとそこには、答えが返ってくるはずです。

「大丈夫だよ」という声が聞こえてくる。

そうです。その声こそが、もう一人のあなたの声なのです。

両親の心が、もう一人のあなたに語りかけてくる。

もう一人の自分と出会うこと。それは大きな支えとなります。


四国巡礼のお遍路《へんろ》さんがもつ笠《かさ》には「同行二人《どうぎようににん》」の文字が記されています。


これは、実際に二人で歩くという意味ではありません。

一人は自分。もう一人は自分の中にある仏（お遍路さんの場合には弘法大師《こうぼうだいし》）を意味しています。

もう一人の自分と向き合いながら歩いていく。

亡くなった大切な人たちとともに歩いていく。

たった一人で歩いていても、自分はけっして一人ではない。

誰かに支えられながら歩を進めている。

そこに思いを馳《は》せたとき、厳しい巡礼を続けられる力となるのです。


支え合う関係の中で私たちは生きている。

具体的に手助けをしてもらったり、心を慰める言葉をかけてもらったり。

ともに助け合いながら、私たちは生きています。

孤独を嘆いたり、寂しさを一人で抱え込んだりするのではなく、あなたを支えてくれている人に思いを寄せることです。たとえその人が傍にいなくとも、遠くから支えてくれる人を思い出すことです。

そしてあなた自身も、きっと誰かを支えている。ともに生きているという気持ちをもったとき、人は前を向いて歩き出すことができるのです。

第3章

この一瞬を生きる、ということ

今、こうして生きていること。
それだけが真実であり、
そのことだけに目を向けてみる

23

安閑無事

人生の道のりは、
同じことの繰り返し

今日という一日をふと振り返ったとき、そこには昨日と同じ一日が見えたりします。それどころか、一週間前や一か月前とも同じ一日を繰り返していたような気がする。

毎朝朝食をつくり、夫を送り出す。子供を幼稚園に送り届けた後は、家に帰って家事をこなす。昼過ぎには子供を迎えに行く。休む暇もなく夕食の準備に取り掛かる。

淡々とした日常生活に埋もれそうになる。

そんなときに人は、つい別の世界への憧れを抱いたりするものです。

もっと別に生き方があるのではないだろうか。

もっと刺激的な一日がどこかにあるのではないだろうか。

ひょっとすると、自分の歩いている人生に意味などないのではないかと。

さまざまな思いが頭に浮かんできます。

晴《は》れと褻《け》という言葉があります。晴れというのは特別な日を意味します。自分が華々しく表に出たり、あるいは楽しみに満ち溢れたような日を指します。

一方の「褻」とは、淡々とした変わらぬ日常を指します。私たちはどうしても、心の中で「晴れの日」ばかりを望んでいる。いつも刺激的なことがあって、心がワクワクするような日々を期待している。毎日がキラキラと輝くような人生はきっとどこかにあると。

しかし、それは錯覚に過ぎません。

人は誰しも、それぞれの人生の中に「晴れの日」をもっています。

しかし、そんな日は幾度もあるわけではありません。一生のうちに数回あればいいほうです。それ以外の日々とは、すべてが淡々とした日常です。毎日、同じことの繰り返し。それはごく当たり前のことなのです。

であるからこそ、その変わらぬ日常を一生懸命に生きることです。

昨日と今日はまったく同じ日だ。そう思い込んでいるのは実は自分自身です。昨日と今日がまったく同じことなど、ほんとうはあり得ないこと。

たとえ同じ朝食を作ったとしても、必ずそこには成長があるはずです。

昨日の夕飯よりも、今日の夕飯のほうがぜったいに上手にできているはず。いや、できるように努力をしなければならないのです。

掃除や洗濯にしても、もっと綺麗にすることはできないか。もっと汚れを落とすことはできないか。

当たり前のことを蔑《ないがし》ろにするのではなく、一生懸命に取り組んでみること。その小さな積み重ねが、自らの成長につながっていくのです。

あなたの母親のことを思い出してみてください。

母が洗濯物をたたむ姿、母がお味噌汁に味付けをする姿。いとも簡単にワイシャツにアイロンをかける姿。目分量であるのに素晴らしい味付けになる煮物。

そのどれもが、母がこれまで積み上げてきた日常の努力によって生まれているのです。それは素晴らしい成長だと私は思います。

家族のことを思うからこそ、母は日々の工夫をしてくれていた。少しでも美味しい食事を家族に食べさせたいと思うからこそ、一生懸命に日々料理に励んでいた。三六五日、休むことなく母は家事をしてくれていた。

きっとその中には「晴れの日」など一日もなかったでしょう。それでも母は、自分の人生に満足しているのだと私は思います。

もちろん母にしても、ときに晴れの日に憧れることもあったでしょう。淡々とした日常生活に飽き飽きしたこともあったでしょう。そんな葛藤をくぐり抜けた先に、きっと母は気がついたに違いありません。同じことの繰り返しの中にこそ、ほんわかとした幸せが宿っているということを。


「安閑無事《あんかんぶじ》」という禅語があります。

読んで字のごとく、安らかで平穏な状態を意味します。何の心配もなく、静かに暮らすことができる日々。

昨日と同じ一日しか来ないと考えるのではなく、今日もまた昨日と同じ安らかな日が来てくれたことに感謝をする。そんな気持ちをもちながら、今日という一日を一生懸命に生きていく。

幸せとは何かと問われれば、まさに変わらぬ日々こそが幸せだという答えにたどり着くものです。

つまらない、つまらないと思いながら生きているところに成長は訪れません。つまらないことなど、人生の中にあるはずはない。つまらないものがあるとすれば、それは自分自身の心の中にあるだけです。

同じことを繰り返すという尊さ。

淡々とした日々への感謝。

そこに気づくことで、人生は楽しいものになっていくのです。

24

禅即行動

暇が焦りを生む

焦《あせ》る気持ちというのは、誰もが経験することでしょうし、それにつきまとわれたこともあるでしょう。この焦りには二種類あります。

一つは単純な焦りです。

あと五分で電車が発車する。急がなくてはと焦って走り出す。これは単純な焦りです。

この手の焦りは、結果が出ればすぐさま消えていきます。電車に間に合ったとしても、あるいは乗り遅れたとしても、もう終わったことは仕方がない。ともかく焦りの気持ちはなくなるでしょう。

今一つは、他人との比較の中から生まれる焦りです。

たとえば職場の中で、同僚たちはどんどん成果を出している。自分も早く成果をあげなくてはと焦る。今の社会では英語力が求められる。自分も早く英語を話せるようにならなければと焦る。誰かと自分を比べるところから、焦る気持ちが湧いてくる。これはまったく不要な焦りだと思います。

誰かと比較して焦る気持ちは分からないでもありません。

しかし、ただただ焦っていても何も解決しません。もしも自分も早く成果を出さなくてはと焦っているのであれば、あれこれ考えている前に行動に移せばいいのです。

英語を話せるようにならなくてはと焦っているのなら、明日から勉強を始めることです。とにかく行動に移すこと。行動に移した瞬間に、焦る気持ちはなくなっていきます。

もしも他人と比較して焦ってばかりいるとすれば、その人は何も行動を起こしていないのです。

「やらなくちゃ」と口で言うだけで、実際には何もしていない。それではいつまで経っても焦りはなくなりません。

さらに言うならば、どうして他人と比較ばかりするのでしょうか。それは、暇で時間をもてあましているからです。

人間は、目の前のやるべきことに集中していれば、余計なことなど考えなくなります。あれこれと考えたり悩んだりする暇もない。まさに、私たち禅僧の修行がそれです。

禅僧には課せられている成さねばならぬ事が山ほどあります。

朝起きてから寝るまで、暇をもてあます時間などありません。余計なことを考える暇など与えられないほど、修行というのは厳しいものなのです。

昔の日本には、この余計な暇がありませんでした。農家の人たちは、夜が明ける前から畑に出かけ、日が暮れるまで畑仕事をしていた。必死になって畑仕事をしなければ、秋の収穫には間に合いません。隣の畑と比べている暇などない。ともかく体を動かしながら、毎日働いていた。

あるいは漁業に携わっていた人たちも同じです。

夜明け前から漁に出かける。港に帰ってきても、そこから魚の仕分けがあったり、船の手入れをしたりと、やるべきことがたくさんあります。足のはやい魚ならば、すぐに処理をしなければなりません。早くしなければと焦ることもあるでしょう。

しかしその焦りは、魚を市場に出した瞬間に綺麗に消え去っていく。

一日一日がきちんと完結していく。そして夕方になれば、身体中に心地よい疲れが襲ってきます。何も考えることなく、空腹を満たして床に入る。明日の漁に備えるように、深い眠りに落ちていく。

もちろん今でも、農家の人や漁師さんたちは、このような規則正しい生活を営んでいることでしょう。

あれこれと考える暇などなく、日々身体を使って生きている。そういう暮らしを営んでいるからこそ、第一次産業に従事している人は心を病む人が少ないのです。ある統計によれば、認知症の人も少ないという結果が出ています。


焦りと同じように、多くの悩みは、暇が生み出しているような気がします。もてあます時間の中で、つい余計なことを考えてしまう。このままでいいのだろうかと。

もしも、このままではいけないと思っているのであれば、すぐに行動に移すこと。誰かと比較して自分を情けないと思うのであれば、追いつくように努力を始めることです。

何も行動に移さずに、ただ自分一人で悩んでいる。そういう人はきっと、暇つぶしに悩んでいるのではないでしょうか。

そこから抜け出したいと思うのであれば、自分に何かを課すことです。暇な時間を作れないように、自分自身にやるべきことを課してみる。それは、仕事以外の趣味やボランティア活動でも構いません。

自分の時間を、自分の意志で埋める努力をすることです。

「禅即行動《ぜんそくこうどう》」。あれこれ考えずに、まずは行動に起こすこと。これが禅の基本的な考え方なのです。

25

歳月不待人

今しかできないことが、
必ずあるもの

女性の社会進出が進み、仕事をすることが当たり前の時代になりました。それは素晴らしいことだと思います。結婚したら女性は家庭に入る。もはやそのような考え方をもつ人も少なくなってきました。

ところがその状況の中で、悩みを抱える女性も増えてきたことは事実です。結婚をしても仕事は続けられますが、いざ出産となれば、なかなかそうはいきません。子育ての間のある時期は、どうしても仕事を中断せざるを得ない。これまでバリバリ会社で仕事をしてきたのですが、出産を機に家に閉じ込められてしまう。

同僚たちは着実にキャリアを積んでいるのに、自分は子育てばかりの毎日。早く子供を預ける場所を探して、自分も仕事に復帰がしたい。

そう望んでいる女性もたくさんいるでしょう。

ただし、私が一つだけ言いたいことは、子育てもまた立派な仕事であるということです。仕事というのは、なにも生産活動だけを指すのではありません。給料をもらうことばかりが仕事ではない。

仕事というのは、自分の人生に与えられた使命のようなものです。

今自分がやるべきこと。

それが家事であれば、家事がその人の仕事になる。子供を育てる時期には、子育てこそがその人の仕事になる。人はそれぞれに、その時期にしかできない「仕事」があります。

今やるべきことは何か。まずはそれを考えることです。

会社で仕事をすることは素晴らしいことです。しかし、子供に寂《さび》しい思いをさせてまで、それはやるべきことなのでしょうか。

このように書くと反発を感じる女性もいるかもしれません。であるならば、こう考えてみてはいかがでしょう。

今、あなたの子供が3歳だとします。

その子が3歳の時期というのは、もちろん今だけです。日々に子供は成長し、あっという間に小学生になります。

ほんの少し目をそらせているうちに、あっという間に中学生になっていく。

その成長の過程をしっかりと見ることで、親は自らも成長していくのです。

その成長を見守ることなく、早くから仕事に復帰する。ふと気づけば、我が子が3歳だったころの記憶が薄いことに気がつく。

もう二度と戻ってはきません。子供が大きくなったときに、もう一度子育てをしたくても、それは叶わないことなのです。

「歳月不待人《さいげつひとをまたず》」という有名な禅語があります。

人生は限りがあるものです。今日という一日は、二度とは戻ってきません。

そして気がついてみると、時はあっという間に過ぎている。

日々の子育てに追われる中、悶々とすることもあるでしょう。早く仕事に復帰したいと焦りを感じることもあるでしょう。

しかし、気がつけば子育ての時期などあっという間に過ぎてしまうものです。

その過ぎ去った時間の中に、後悔の思いを残してはいけません。忘れ物をしたままにしてはいけません。

過ぎ去った時間の中に忘れてきた大切なものは、二度と取りに帰ることはできない。であるからこそ、今自分がやるべきことに、しっかりと目を向けることが大事なのです。

人生には優先順位というものがあります。

今、自分が一番にやるべきことは何か。今、自分が一番やりたいことは何か。二番目は何で三番目は何か。それらを書き出してみることです。

自分自身をよく見つめながら、今の人生の優先順位をつけてみる。一番目に仕事がくる人もいるでしょう。仕事は三番目だと思う人もいるでしょう。あるいは結婚相手を見つけることが最優先だと思う人もいるでしょう。

それぞれの人が優先順位をもっているはずです。

その自分がつけた順番に、忠実に生きることです。

仕事が一番だと思うのなら、他のことは犠牲にしてでも仕事をすればいい。子育てが一番だと思うのなら、まわりの同僚と比較することなく子育てに集中すればいい。自分自身がつけた優先順位に自信をもって、ぶれることなく人生を歩むことです。

そして、この優先順位というのは変わっていくものです。一番が二番になったり、五番目にしていたものが急に一番になったりもします。それでいいのです。その時々でやるべきことの順番は確実に変わってくる。細かいことで言えば、昨日の一番と今日の一番が変わることもあるでしょう。

時が優先順位を変えていく。それを受け入れながら、時が与えてくれた優先順位を見つめていく。人生とはその積み重ねです。

今、あなたがやるべき一番は何でしょうか。

26

山中無暦日

孤独という
美しき覚悟をもつこと

「おひとりさま」という言葉が定着してきました。

一昔前までは、女性が一人で旅をしたり、一人で食事に行くということは稀なことでした。

お昼ごはんを食べに行くときも、必ず誰かと誘い合って行く。まして女性が一人で旅をしていると、なにか訳があるかのように誤解されていたものです。女性一人では宿泊を断られることも実際にありました。今では考えられないようなことです。

最近では、女性が一人で旅をしたり、一人で食事に行くことなど当たり前になってきた。この傾向は、私はとても素晴らしいと思っています。

これは男性も女性も関係ありません。自分一人の時間をもつことは、私たちの心にとって非常に大切なことだからです。

人間は本来孤独なものです。

この世に生まれてくるときも一人、そして旅立つときも一人です。家族といえども、親友といえども、一緒に生まれて旅立つことなどできない。

つまり、人間は本来、孤独な存在であることをいつも心に置いておかなくてはいけないのです。

社会生活を営んでいれば、他者との関わりは避《さ》けることはできません。たとえ一人でできる仕事をしていたとしても、その仕事が自分だけで完結できるはずはない。常に私たちは誰かとつながり合って生きているわけです。

そしてその中で、知らず識《し》らずのうちに他者からの影響を受けている。自分はこうしたほうがいいという考えをもっていても、まわりの多くが別の意見をもっていたりすると、そちらに流されてしまう。

流されてしまった自分を情けなく思ったり、無暗に反対意見を言うことで悩みが生じたりする。あるいはまわりと考え方が違えば、不安になったりもします。比べることで、私たちは不安や心配を抱くことになるのです。

すべてを比べない。

それはなかなか難しいことでしょう。人や社会と関わっている限り、どうしても比較してしまうのが人間です。

ただし、比較することは仕方がないとしても、その中から自分自身の考え方を自分の力で導き出していく。悪戯にまわりに流されるのではなく、自分自身がほんとうはどう考えているのかを自分に問いかけること。

その問いかけをするためにも、孤独になることが求められるのです。

まわりの人たちは、あなたにいろんなことを言うでしょう。本当にあなたのことを思って言ってくれる人もいれば、適当に言葉だけを投げかけてくる人もいます。

そんなたくさんの言葉を一度かき集めて、冷静になって眺めてみることです。そして自分自身で考えてみる。自分はどうしたいのか。自分は何をすべきなのか。たった一人になって考えることです。

自分の部屋に帰って、孤独な状態をあえてつくることです。

携帯電話やパソコンのスイッチなど切って、誰にも邪魔されない時間をもつこと。一日に一時間でもかまいません。

まったく独りになって考える時間をもってほしい。

自分は孤独であるという覚悟をもって生きること。

その覚悟はとても美しいものだと私は思います。

ただし勘違いしてはいけないことは、孤独になることと孤立することはまったく別のことだということ。孤独になることは必要ですが、社会やまわりから孤立してはいけません。では孤立するとはどういうことか。

それは、せっかく与えられた縁を拒否するということです。

この世に「無縁」の人など一人もいません。少なくともご先祖様やご両親の縁があればこそ、私たちはこの世に生まれてくることができる。ご先祖がいないという人間などいません。

そして私たちは、ご縁があって日本という国に生まれてきた。その小さな国の中で、またそれぞれが縁を結んだ土地に暮らしている。

縁があってこそ夫婦になるわけですし、縁で結ばれているからこそ親戚になる。あるいは会社にしても、縁が結ばれてそこの社員として仕事をしている。同僚たちとの縁も、不思議な力で結ばれているものです。

こうしたご縁を大切に思うことです。

孤立をするということは、それらせっかくのご縁を自らが拒否することと同じです。社会や親族との縁を拒否し、たった一人で生きていく。そんなことはできるはずはありません。

「一人でいることが好き」ということと「一人きりで生きる」ということはまったく別のことです。

孤独を大切にしながらも、孤立することなく生きていく。それが、人間というものなのです。

27

感應道交

もう一人の自分の声を聴く

悩みや迷いが心に生じたとき、みなさんはどうしますか。

おそらく多くの人は、信頼できる人に相談すると思います。こんなことで悩んでいるのですが、どうすればいいだろうか。どちらの道に進むべきか、意見を聞かせてほしいと。

もちろん相談することは悪いことではありませんし、それによって救われることもあるでしょう。

しかし、他人に相談することで、答えが見つかることはありません。背中を押してくれることはあるでしょうが、答えを見つけるのはあくまでも自分自身でなければいけない。

私たちの心には、二人の自分が住んでいるものです。美しい心をもった自分もいれば、邪な考えをしている自分もいる。積極的な自分もいれば、消極的で臆病な自分もまたいます。

まったく揺《ゆ》らぐことのない、たった一人の自分しかいない。実はそんな人などいないのです。

であるからこそ、私たちは常に自問自答を繰り返さなければいけません。

たとえば、おつき合いをしている男性がいたとします。

その男性と結婚するのかしないのか。恋愛感情はあるのですが、どこか頼りない感じもする。恋愛感情はさほどないのですが、経済力もあるし社会的地位もある。

さてどうすべきか。こんな相談を他人に打ち明けたとしても、答えは返ってきません。

当たり前のことです。何となく、アドバイスを得ることはできますが、そのアドバイスさえ、答えには結びつきません。

そこで大切なことが、もう一人の自分に聞いてみるということです。

「結婚すべき」という自分と「結婚はやめよう」という自分。心の中で互いの思いをぶつけ合わせてみること。

心の中でぶつけ合うことが難しいのなら、二人の考え方を紙に書き出してみることです。

「私はこういう理由で結婚したほうがいいと思う」「私がやめたほうがいいというのは、こういう理由からだ」と、二人の自分の意見を表面に出してみることです。

悩みごとにしても同じです。

「私はこんなことに悩んでいる」という自分。それに対して「どうしてそんなことに悩む必要があるのか」と問う自分。この二人の意見を出し合うことで、最後には納得できる答えにたどり着くことができるのです。

では、どうして自問自答することで納得できる答えが見つかるのか。

自分自身で導いた答えに対しては、文句のつけようがないからです。

自分が導いた答えですから、それが正しいのだと自分に言い聞かせる。

この、自分で自分に言い聞かせるということが、人生の選択においては重要なことなのです。

おそらく人生の中で出会うさまざまな選択肢には、明確な答えなどありません。どちらを選んだところで、実際にはそれほど大きな差は生まれない。

もちろんこちらを選んで失敗したと後悔することもあるでしょうが、それはまたやり直せば済むことです。

であるならば、この選択は自分にとって正解だと言い聞かすこと。自問自答から得た答えを信じることです。

他人から得た答えを心から信じて、これこそが正しいと言い聞かすことは無理です。必ずどこかで他人のせいにしている。「自分にとってこれが答えだ」と言い聞かすことができるのは、もう一人の自分との対話があってこそです。

現代社会には、この自問自答が失われているような気がします。何かに迷ったり、悩みごとがあったりすると、すぐに表面的な情報を集めようとする。まわりの友人に相談するならまだしも、インターネットなどで答えを見つけようとする。

確かにそこには「答えらしき」ものはあります。

しかしそれは、あくまでも社会がつくりだした答えに過ぎません。社会がつくりだす答えというのは、まるで幻想のようなものです。

第一、千人の人間が同じ一つの答えを共有できるはずもありません。結婚するかしないかにしても、千人いれば千通りの答えがあります。

同じイエスという答えにたどり着いたとしても、そこに至るまでのプロセスはまったく違っているものでしょう。

私は住職でもあり、大学で教鞭をとっていますので、さまざまな相談を受けます。もちろんその相談事とは真摯《しんし》に向き合いますが、最後には必ず言います。

「私はこう思います。しかし、お決めになる前には、必ずもう一人のあなた自身と相談してください。私のアドバイスは、あくまでもあなたが自問自答するための材料に過ぎないのですから」と。

28

眼横鼻直

ありのまの
あなたでいい

「ありのままの自分でいたい」

「ありのままに生きていきたい」

そう願っている人は多いと思います。「ありのまま」という言葉の中には、自分自身を肯定している響きがあります。そんな心地よい言葉であるからこそ、人は魅力を感じるのでしょう。

では、「ありのまま」とはいったいどのような状態を表わすのでしょうか。

それは、自分のわがままを通すということではありません。

他人に迷惑をかけてまでも自我を貫《つらぬ》くことではない。これが私のありのままの姿なのだから、放っておいてほしいというのも、社会では生きにくくなるものです。

私が考える「ありのまま」とは、自分自身が無理をすることなく、自然に生きられること。自分にとっていちばん心地よい状態でいられること。

他人とあれこれ比較して、無理をしてまで自分を変えようとする。そんなことばかり意識していたら、いつか息苦しくなってきます。無理をすることなく、しっかりと自分という人間を見つめながら生きていく。そういうことではないでしょうか。

たとえば「性格の明るい人・暗い人」という言い方をよくします。表面的に比べれば、明るい人のほうがいいような気がする。コミュニケーションをとることが上手で、会話もスムーズ。そんな人が明るい人で、まわりからも支持されるという。

反対に、話すことが苦手で消極的な人もいます。そういう人は暗い人だと決めつけられ、マイナスのイメージで見られることがあります。

そんな比較の中で「自分は暗い」と悩んでいる人もいることでしょう。

しかし、そんなことに悩む必要はまったくありません。

もっと明るい性格になりたいと望み、そうなるように努力をする。その結果として自分を変えることができた。自分ではこれまで気がつかなかった、もう一人の自分を発見することができた。もしも、そのような変わり方であれば、変わったことがプラスになるでしょう。

しかし、努力をして表面的には明るく振る舞えるようになったとしても、どうしても居心地の悪さを感じている。どこかで無理をしながら明るく振る舞っている自分がいる。

要するに、無理をしてまで自分の「ありのまま」を変えようとしている。こういう場合には、必ずいつかは心が疲れてしまいます。毎日自分に無理を強いているのですから、心地よいはずはありません。

自分を変えるということを考えたとき、そこには4つの「変化」がありま す。

1つ目は「絶対に変えることができない自分」。

2つ目は「変えようと思えば変えることができる自分」。

3つ目は「変えることはできるけれど、変えたくはないと思う自分」。

4つ目は「できることなら変えたほうがいいという自分」。

この4つの変化を、自分の中で仕分けしてみることです。

変えなければならないものは、努力をして変えること。自分がよい方向に行くことが分かっているのであれば、それは変えたほうがいい。

しかし、変えたくないものまで無理をして変える必要はありません。

変えたほうがいいことは分かっていても、どうしても変えられないことがある。それは誰もがもっているものです。

そしてもう一つ言えることは、変えたくない部分が似ているという人は必ずいるものです。

自分は暗いと言われている。明るくなりたいと思うけれど、やはり自分にはできない。そう思っている人はたくさんいるものです。

100人の人がいて、100人が明るい性格なはずはありません。みんなが積極的な人間であるはずはない。もしも全員が明るくて積極的ならば、きっとそんな社会は争いごとばかりになってしまうでしょう。

そう状態の人ばかり溢れていたならば、落ち着いて生活などできません。

同じ「ありのままの自分」をもっている人を見つけることです。けっして変えることのできない自分。変える必要のない自分に目を向けてください。

「眼横鼻直《がんのうびちょく》」という禅語があります。

読んで字のとおり「眼は横に、鼻は縦についている」ということです。当たり前で、けっして変えることはできません。

この言葉が表すように、あなた自身の「眼横鼻直」とは何かを見つけてください。それこそが、ありのままのあなたなのです。

29

天上天下唯我独尊

あなたはきっと、
誰かに必要とされる

自分は誰からも必要とされていない。私などいなくても誰も困ることはない。私はこの世に不必要な存在だ。そんな悩みを抱えている人がいます。常にそんな悩みに襲われていないにしても、ふとした瞬間に頭をかすめることもあるでしょう。

一言で言ってしまえば、この世に不必要な人間など一人もいません。もしもそんな人がいたとしたなら、それは本人がそのような人間に勝手になっているだけ。いたずらに自分自身を追い込んで、まわりから孤立している。必要とされない原因を自らが生み出しているのではないでしょうか。

さて、必要とされているか、されていないか。

その判断基準を評価として考えている人がとても多い。

会社の評価が低いから、自分は会社から必要とされていない。あるいは社会に役立つような仕事をしていないから、自分は社会にとって不必要な人間だと。

会社や社会という外からの評価ばかりを気にすることで、自分の存在価値を決めつけてしまっている。

まずは、こうした評価にとらわれることを止めることです。

どんな世界にも必ず評価はついてまわります。会社が社員を評価するのは当たり前ですし、私たち僧侶でさえ外からの評価にさらされることもあります。それは、社会の中で生きている限り、仕方のないことです。一つの評価で一喜一憂することもあるでしょう。

ただし、そうした評価と、あなたの人格とはまったく別のものであることを知ってください。

たとえば、会社の中で評価がされていないというのなら、評価されるように努力をすればいい。どうしても評価が上がらないのなら、そのときには土俵を変えればいい。自分の良さを発揮できる場所に移ればいいだけのことです。

営業部で評価されない人でも、総務部で評価されることもあるでしょう。あるいは上司が替わった途端に評価が上がることもあります。

要するに評価などというものは、それくらい曖昧で移ろいやすいものなのです。そんな移ろいやすいものに執着したり、振り回される必要などないのです。

誰かが誰かを必要とする。それは理屈の世界ではありません。

たとえば赤ん坊は母親を必要としている。どうして母親が必要なのか。お乳を飲ませてくれるから。おむつを換えてくれるから。だから母親が必要だと。そうではないでしょう。ご飯を食べさせてくれたり、おむつを換えてくれるのは何も母親でなくてもいい。

そうではなく、母の胸に抱かれたとき、赤ん坊は言いようのない安心感に包まれている。全身全霊で守ってくれる人に抱かれたとき、赤ん坊はこの世に生まれてきた幸せをかみしめているのだと思います。

赤ん坊が母親を必要としている。そこには何の評価も存在していません。母親にしても、何かの見返りを求めているわけではない。ただただ、純粋な心で我が子を抱きしめている。人間の心と心がつながり合うこと、それこそが必要とされているという実感なのです。

たとえ子供がいなくても、結婚をしていなくても、同じような心のつながりはもつことができます。

もちろん一人の人の、すべてを受け入れるということは難しいことです。赤ん坊のように純粋な心だけで接することはできません。

それでも、きっとお互いに理解し合い、心から分かり合える接点は必ずあります。会社の同僚でもいい、学生時代からの友人でもいい、外から与えられた評価などにとらわれずに、お互いの心を開き合うことです。

「天上天下唯我独尊《てんじょうてんげゆいがどくそん》」という言葉があります。

お釈迦様が誕生したときの言葉として伝わっている言葉です。この大宇宙広しといえども人はみな、かけがえのない尊い存在ということを表しています。

もしも「自分は必要とされていない」と悩んでいる人がいるとすれば、それはもしかしたら、その人自身が誰かを必要としていないのではないでしょうか。

一緒に食事をする人がいない。休日に遊ぶ相手がいない。誰も自分のことを誘ってくれない。そんな表面的なことに悩むこと自体がおかしなことです。

誰かを必要とするということは、そんな上っ面なことではありません。

まずは自分のほうから心を開くことです。

そして、小さな接点を相手と自分の間に見出す努力をすることです。

もっと言うなら、そのように心から分かり合える人は一人いれば十分。二人もいれば儲けもの。

たくさんの人から必要とされたい。そんな幻想から抜け出すことです。

30

以心伝心

分かり合えない部分を
認め合うのが夫婦

結婚して夫婦になる。

それは互いの人生にとってとても大きな出来事です。

ともに同じ道を歩んでいく。力を合わせて子供を育て、家庭を守っていく。

人生において、これほど強い絆は他にはないかもしれません。そこに強い絆があるからこそ、人はつい分かり合おうとします。

自分のことを分かってほしい。相手のことをすべて分かりたい。100%分かり合える関係。それが夫婦としての理想だと思い込んでいる。

しかし、はっきり言ってしまうと、100%分かり合えることなどあり得ません。それは初めから無理なことなのです。

自分のことを分かってほしい。であるならば、あなたは自分自身のことをすべて分かっていますか。これこそが自分のけっして変わらぬ信念だというものをもっているでしょうか。


人の心は日々、移ろいでいきます。

結婚した当時と、5年が経った今とでは、あなた自身も同じではありません。それを相手に分かってもらうことなどできるはずはない。

私は思うのですが、お互いに70％くらい分かっていれば、それで十分です。あとの30％は、分かり合えないままにしておくことです。

分かり合うために、人はつい言葉を求めます。

浮かんでは消える感情を、言葉に表そうとする。そして相手の言葉を聞きたがる。言葉は大切なものですが、それがすべてではないことを知ることです。たとえば、夫のために美味しい料理を一生懸命につくる。そこで「おいしいな」という言葉を期待する。

もちろんその言葉を聞けば、嬉しくなることは分かります。

しかし夫はその言葉を発してはくれない。新婚当時は褒《ほ》めてくれたのに、今ではまるで褒めてくれることはなくなった。そんな不満が募って、つい言葉で責め立てたりする。

それは、分かり合いたいという気持ちなどではなく、自己満足を求める心に過ぎません。

夫が言葉を発しなければ、夫の表情をよく見ることです。妻が作った食事を一口食べる。その瞬間に、夫の表情がふと変わったりする。「おいしいな」と言葉にはしなくても、そのふとした表情から読み取ることは十分にできます。

そんな夫の表情を見つめながら、目が合えばにっこりと笑ってみる。その妻の笑顔に、夫もまた笑顔を返してくる。言葉などなくても、「おいしい」という気持ちが十分に伝わる。それが夫婦というものではないでしょうか。

お互いに気を遣わない関係。感謝の言葉は必要ですが、あえて言葉にしなくても相手の心を読み取れる関係。それが夫婦としての成熟した姿だと私は思っています。

そういう意味で、夫婦とは空気のような存在です。

いつもそこにいることを意識はしない。しかし、いなくなれば落ち着かなくなる。

空気があることを人は意識していません。しかし、空気がなくなれば生きていくことはできない。

もっとも身近で、もっとも大切な存在。夫婦とはそういうものだと思います。

「以心伝心《いしんでんしん》」という禅語があります。

言葉にできない悟りや真理を心から心へ伝えるという意味です。夫婦の行きつく先がそこにあるのかもしれません。

長年連れ添ってきた夫婦には、互いの心が見えています。相手が何を食べたいとか、少し疲れたとか、言葉に出さなくても分かってしまう。相手が疲れたと言葉にする前に、「少し休もうか」と相手に気遣いができる。

この瞬間こそが、夫婦としての幸福なのだと思います。

空気のような存在。互いの心が見える関係。それは1年や2年ではできません。

長い時間をともにすることで、少しずつそんな暖かな関係が育まれていく。時間が二人の心を育ててくれる。であるからこそ、焦ってはいけない。分かってもらえないことがあったとしても、焦って押しつけてはいけない。

いずれ分かってくれるだろう。そう思って放っておくことも大事なことです。違いをわざわざ表に出さずに、違いを主張し合うことなく、そっとしておくことです。

そして、何年も一緒にいても、どうしても分かってもらえないことがあったとしたら、それは分かり合えない30%のことだと思うこと。分かり合えない30%の気持ちは、互いに無理強いをしないで目を背《そむ》けていればいい。

もっと言うなら、分かり合うということを曖昧《あいまい》に考えればいいのです。どこが分かってどこが分からない。そんなにきちんと分ける必要もありません。何となく分かったり、何となく分からなかったりする。

それが人間の心であることを知ることです。

31

両忘

曖昧さの中に
安寧は宿る

私たち日本人は、昔から曖昧さというものを大事にしてきました。あえて、物事に白黒をつけることをせず、どちらともとれるような言い方や考え方をしてきました。

物事にはっきりと白黒をつけると、そこには必ず対立が生じます。そうした対立を上手に避けるために、あえて曖昧にする。それは、日本人が育んできた素晴らしい智慧ではないかと私は考えています。

もともと神道の国だった日本に、仏教が伝わってきました。おそらく他の国ならば、そこで宗教的対立が生まれたでしょう。現実に今でも、世界では宗教的対立が起こっています。

しかし日本人は、新しい仏教もまた緩《ゆる》やかに受け入れていきました。神道も仏教も、どちらも人間にとって大切な神様であり仏様なのですから、二つあってもいいじゃないかと。その考え方は今でも残っています。

お盆にはお寺にお参りに行き、正月には神社にお参りに行く。おかしな民族だと思われているかもしれませんが、日本人にとって大切なことは、心を込めて手を合わせるということ。それが仏様であっても神様であっても構わない。

ご先祖様を思い、手を合わせることに心の安寧《あんねい》があるのです。

そうした曖昧さがもっている良さが、だんだんと失われつつあります。欧米の価値観が入ってくるに従って、すべてに白黒つけることが良しとされてきました。イエスかノーをはっきりと主張することがいい。どっちつかずの曖昧な答えは許されない。

もちろんすべてを曖昧にするということではありません。仕事などでは、はっきりとさせたほうが良いこともあるでしょう。しかし、あまりにも二者択一の考え方をしていると、とても窮屈な生き方になってくるように思います。

二者択一の考え方は、余計な悩みを生み出すことになります。

たとえば女性が気にしている、美人であるか美人でないか。

世の中の女性を美人か不美人かに分けて、美人のほうが幸せだと決めつけています。自分よりも美人な人にコンプレックスを抱いたり、不美人な人を見つけ出して安心したりする。

まったく意味のないことです。美人かどうかなど、いったい誰が決めるのでしょう。美人に生まれた女性は、100%幸せな人生を送れるのでしょうか。人間の魅力とは、そんな単純なものではありません。

あるいは、どうしても白黒をはっきりつけられないものがたくさんあります。その最たるものが人間の心です。

「あなたは私のことを愛しているのか、愛していないのか」と問う人がいます。

どちらかはっきりしてほしいということでしょう。この問いかけには明確な答えはありません。

すべてを愛していると言っても嘘になるし、まったく愛してないというのも嘘になる。愛の中にも嫌いな部分はありますし、愛情までいかなくても好きな部分は必ずあるものです。

どちらか一方の答えを出すことなど、所詮は無理なことなのです。

今すぐに目の前にあるものに白黒をつける必要はありません。

たとえば仕事にしても、今の仕事が合わないと感じていたとしても、すぐさま辞めてしまうことはありません。

合わないという思いを少しだけ横に置いて、ともかく続けてみる。好き嫌いを考えないで、目の前にある仕事に一生懸命尽くしてみる。

迷っていることがあるのなら、すぐに結論を出すのではなく、しばらく放っておくことも一つの方法です。

自分が出せなかった答えも、いずれは自然に任せるうちに解決することも往々にしてあるものです。

どちらか一つに決めようとすることは、すなわちどちらかに執着することと同じです。愛情に執着し過ぎれば、互いの心はがんじがらめになってしまいます。

仕事に執着すれば、そこからの逃げ道がなくなってしまいます。それは人生を生きづらくしていく。逃げ場を失った心には、けっして幸福は宿りません。

「両忘《りょうぼう》」という禅語は、まさにどちらにも執着しない生き方を教えてくれます。苦しいか楽しいか。どちらかに決めつけるのではなく、どちらも忘れること。

今が苦しいのであれば、苦しいことを忘れてしまう。

楽しみの中にいても、どっぷりと楽しみに浸《つ》かってはいけない。どっちともとれるような曖昧さの中で生きていく。死ぬか生きるか。勝つか負けるか。貧しいか豊かか。損か得か。好きか嫌いか。そんな考え方から遠ざかることです。

「どちらでもいいじゃないか」と思える心をもつことで、要らぬ悩みは薄らいでいくものです。

32

漁夫生涯竹一竿

いま生きていること。それだけでいい

「漁夫生涯竹一竿《ぎょふのしょうがいたけいっかん》」という禅語があります。

直訳すれば「漁夫は生きていくために、生計を立てるために、釣竿《つりざお》が一本あればそれでいい」という意味です。

つまり、人間が生きていくために絶対に必要なものはとても少ない。他のものはすべて、生きていくためには余分なものだ。それら余分なものを捨てて、真に大切なものを見極めなさいという教えです。

であるならば、あなたにとっての「一本の竿」とは何でしょうか。

「パソコンさえあれば仕事ができる」「携帯電話がなければ生きていけない」「いちばん大切なものはお金に決まっている」そんな声が聞こえてきそうです。

しかし、それらすべては「一本の竿」とはなりえません。パソコンやお金など、そんな上っ面なものが人生の一番であるはずはないのです。

私たち禅僧には、雲水《うんすい》という修行の期間が課せられます。

修行の期間は人によって異なりますが、一般的には1年から3年ほどを雲水として過ごします。10年を超える人ももちろんいます。

この修行は実に厳しいもので、私も20代のときに経験しましたが、未だにその厳しさは思い出されます。

毎朝四時には起床。まずは暁天《きようてん》という朝の坐禅、それが終われば朝のおつとめです。その後、本堂や廊下などの自らの担当の場所の雑巾がけをする。真冬でも裸足のままです。そうしてやっと、朝ご飯が食べられる。その後、境内の掃き掃除などをします。

ご飯と言っても、一汁一菜《いちじゆういつさい》が基本です。朝はお粥《かゆ》とお味噌汁、たくあんが二切れほど。肉や魚はいっさい食べることはできません。

今では少し増えましたが、私が修行していたころは、一日の摂取カロリーは700キロカロリーほどでした。これは成人男性の3分の1くらいのものです。三六五日、このような生活が続くわけです。

もうそれは、空腹などという甘いものではありません。ほとんどの雲水は、1~2か月も経つころには栄養失調か脚気《かつけ》になりました。

私も栄養失調の症状に襲われたものです。とにかく頭がぼーっとしてきます。お経をあげていても、まるで考えることもできません。体中がだるくて、階段を上るのもやっとの思いです。ときには平坦な道で転んだこともありました。

その修行の中で、私は初めて脱落《だつらく》を意識したものです。

もしかしたら、このまま自分は体力が続かず脱落をしてしまうかもしれない。脱落に対するはっきりとした恐怖を味わったのは初めてのことでした。実際に10人以上の雲水は、脱落や逃亡により修行を離れていきました。

その雲水時代に、私は「一本の竿」をはっきりと意識したのです。

人間にとってもっとも大切なものとは何か。

それは、今こうして生きているということだと。

人間には必ず死が訪れます。それは100年先、200年先の話ではありません。10年先、数年先というごく近いところに死は待っている。

もしかしたら、それは突然、明日にやってくるかもしれない。そう実感したとき、今こうして生きていることが、まるで奇跡のように思えるのです。

幼い我が子を亡くされた父親が私に言いました。

「仕事なんてどうでもいい。お金などいらない。家なんか売ってしまってもいい。自分の命さえいらない。だからこの子を死なせないでほしい。私は心の中で、ずっと祈り続けていました」と。

このご両親にとっては、我が子の命だけが「一本の竿」だったのです。

今、生きていることに感謝をする気持ち。それが薄れたときに、ほんとうに大切なものを忘れてしまう。

生きているのが当たり前だという不遜《ふそん》な気持ちをもったとき、私たちは不必要な欲望にとらわれてしまう。そうして余分な「竿」をたくさんかき集めて、ほんとうに大切な一本を見失ってしまうのです。

今あなたは生きています。

いろんな悩みもあるでしょう。苦しみの中に喘いでいるかもしれない。それでも確かにこうして生きている。

生きているからこそ、苦しみを感じることができる。生きているからこそ、悩むこともできる。死んでしまえば、すべてはなくなってしまうのです。

苦しいだけの人生などありません。

苦しみの向こうには必ず喜びが待っています。悩みのその先には、思わぬ幸せも待っている。そう信じて、生きていることに感謝をすることです。

病に侵《おか》されている人もいらっしゃるかもしれません。余命が多くないという人もいるかもしれない。

それでも、命が尽きるその瞬間まで、あなたは生きているのです。その時間に感謝をしながら、今という一瞬を大切にしてほしい。

私たちにとっての「一本の竿」とは、「一つの命」と言えるのです。

33

不生不死

死を考えることは、すなわち生を考えること

この世に真実なるものがあるとすれば、それはただ一つ。

人間は必ず死を迎えるということでしょう。

生死というものは、決して変えることのできない絶対なるもの。仏教ではそれを「不生不死《ふしょうふし》」という言葉で表しています。

生は生でしかなく、死は死でしかない。それは単なる現象に過ぎず、どちらも同じなのだと。そして、それを越えていく生き方を説きます。

少し難しい言葉ですが、要するに生きているうちにも死を考えておくこと。そして、悪戯に死を恐れても仕方がないということを教えているのです。


人間は死に対して恐れを抱いています。

恐れているからこそ考えないようにしている。まだ自分には遠いものだと信じることで、その恐れから逃れようとしている。死を口にすることは、縁起が悪いことだと忌み嫌っている。

もちろん、無暗に死を意識することもありません。死を恐れてばかりいても仕方がない。いつ訪れるか分からない死に対して、必要以上に心を砕くこともありません。

ただ、心のどこかで死を見つめていること。いずれ死が訪れることを意識することで、生きていることに感謝の気持ちをもつことができます。

生かされていることへの感謝の気持ちをもつことで、人は前向きな人生を歩むことができると私は思っています。


お釈迦様は「生老病死《しょうろうびょうし》」のたとえとして、「四馬《しめ》」という話をされています。四つの馬と書いて「しめ」です。

「馬のなかにも、かしこい馬と鈍感な馬がいる。一番かしこい馬というのは、人間が鞭を振り下ろそうとしたとき、足元に映るその人間の影を見るだけで走り出す。次にかしこい馬は、人間が振り下ろした鞭が、尻の尻尾に触った瞬間に走り出す。あまりかしこくない馬は、鞭がパチンと尻に当たった瞬間に走り出す。そしてとても鈍感な馬というのは、鞭が尻に当たり、痛いと感じてから走り出す。生老病死もまたこれと同じだ」と。

この四馬にたとえるなら、もっともかしこい人間とは、元気に生きているときにこそ死を考えるということです。生きていることが当たり前だと思わずに、常にそこに感謝の念をもって日々を生きている。

次の人間とは、自分が老いてから死を考え始めます。世の中の平均寿命と照らし合わせて、自分もそう長くはないと意識し始める。

そして次の人間は、自分が病気になって初めて死を意識し始めます。それまでは考えたこともなかった。

しかし、重い病にかかって死を考えざるを得なくなる。病気になって初めて健康のありがたさを知る。これはよくある話です。

そして最後は、自分の肉親などの死に触れて初めて、人間は死ぬということにやっと気がつきます。いつまでも親は生きていると思い込んでいる。平均寿命よりもはるかに長生きすると信じ込んでいる。

しかし、それは信じているのではありません。親の死から目をそらせているだけなのです。

いずれ死ぬことは頭では分かっている。頭では理解しているのですが、心がそれを受け入れていない。心が受け入れていないから、つい親への思いを忘れてしまうのです。

もしも両親の死を心で意識していれば、両親がまだ生きていることに感謝の心があるのなら、両親に会いに行くはずです。遠いからとか、時間がないからとか、そんな言い訳を考える前に、両親の顔を見に行くはずです。

死を心に閉じ込めているから、また今度にしようと思ってしまう。

そして、その死は突然に訪れます。両親が倒れたとの一報を受け急いで駆けつける。畳に寝かされた母親の手は冷たく、もう握り返してくれることはありません。

「おかあさん」と呼んでも、返事は返ってきません。そのときに、生のありがたさを知っても、もう遅いのです。


私たちは、今こうして生きています。それは自分の力で生きているのではなく、大きな力によって生かされている。

自分は何をしなくても、心臓は止まることなく動いてくれる。眠っているときにも息をしてくれる。そのことに感謝をすることです。

私たちは生かされている。であるからこそ、生きていることを大事にしなければいけないのです。やがて訪れる最期の瞬間まで、私たちは生きなければいけない。奇跡のようなこの命を大切にしなければいけないのです。

生と死は対極にあるものではありません。生と死は、ともに並んで歩いているものなのです。

34

冷暖自知

心の強さとは、
苦しみに背を
向けないこと

強くなりたい。

苦難に立ち向かえるような自分でありたい。

誰もがそう願っています。人生に順風が吹いているときには、自分の中にある強さが出てきます。

多少つらいことがあっても、それを乗り切るだけの強い自分が現われてくる。自信に溢れた自分の心がそこにはあります。

しかし、一旦順風が止んでしまうと、途端に人は弱気になってしまう。順風のときが過ぎて、逆風が吹き始めれば、人はそこで立ち止まってしまう。逆風に立ち向かうことを躊躇《ためら》い、何とかそこから逃《のが》れようとする。

しかし、逆風から逃れることはできません。

たとえ逆風に背を向けたところで、何も解決することはない。人生は順風ばかりではありません。いや、逆風が吹くことのほうが確実に多いのです。

苦しみや悲しみに襲われたとき、そこから逃れることはできない。放っておいて逃れられるような苦しみがあるとすれば、それは、ほんとうの苦しみとは言えない。逃れようのない苦しみに襲われたときには、立ち向かっていくしか方法はないのです。

一度逃げ癖《ぐせ》がついてしまうと、人生は常に逃げ惑うことになっていく。そして、苦しみから逃げ切れることはありません。どうせ逃げ切れないのならば、自らの力で立ち向かっていくしかないのです。

苦しみや悲しみといった負の感情さえも心の糧《かて》とする。そうすることで心は成長していく。それが禅の考え方なのです。

言い方を変えれば、順風満帆の中で人は成長しません。逆風の中を進むからこそ、そこに成長があるのです。

強い心をもちたいと願うなら、自分に襲ってくる負の状況を、まるごと引き受ける覚悟を常にもつことです。

悲しみというものも、真正面から受け止めることだと私は思います。

人間としての最大の悲しみ。それは大切な肉親を亡くすことでしょう。

幼い我が子を亡くす。親を亡くす。愛する夫を亡くす。この悲しみは筆舌に尽くしがたいものです。

東北地方を襲った大震災と津波。一瞬にして尊い命が奪われました。朝、元気に学校に行った我が子が、夕方には変わり果てた姿になって帰ってくる。胸をかきむしられるような悲しみがたくさんの人を襲いました。

そんな人たちの心を慰《なぐさ》める言葉を私はもっていません。

ただあのとき、遠くの空から私は東北の人たちに言葉を送り続けていた。

「どうか、涙が枯れるまで泣いてほしい」と。

悲しみを紛らわすことなどしなくてもいい。無理をして元気に振る舞う必要などありません。ただただ悲しみを受け止めて、思う存分涙を流してほしいと願っていました。我を忘れるように泣きわめくこと。これもまた悲しみに立ち向かう術《すべ》なのです。

深い悲しみが癒《い》えることなどありません。生きている限り涙が枯れることなどない。それでも、悲しみの海を漂《ただよ》っていれば、必ず掴《つか》まるものが見つかる。悲しみに沈んでしまわないように、心を支えてくれる何かが見つかる。

心の強さが、形を変えてその人の前に現われるものだと私は信じています。

悲しみからさえ逃げてはいけません。その悲しみを真正面から受け止めることもまた、残された人間に与えられた役割でもあるのです。

苦しみや悲しみ、あるいは日々に湧き出てくる悩み。人はつい、それらから目を逸《そ》らせようとします。

しかし、目を逸らせたところで、それらが消えてなくなるわけではありません。目を逸らせた苦しみや悲しみは、ずっとあなたの人生につきまとってきます。まるで影のように。

その影を消し去る方法はただ一つ。真正面から立ち向かうことです。そして立ち向かうときに、いつも心ではこう思ってください。

「苦しいのは、生きているからこそだ」と。

「冷暖自知《れいだんじち》」という言葉が禅の中にあります。

冷たいのも、暖かいのも、すべての感覚は経験してこそわかるという教えです。

人生の中で感じる苦しみや喜び。悲しみや深い悩み。それらを感じることができるのは、今こうして生きているからこそです。